和聪明的投资者一起学习投资

港股滚雪球

交易策略、风险应对与案例解析

不同的市场，不同的风险，不同的风格

洞察港股市场特色，规避风险，建立正确的交易理念

杨　饭◎著

中国经济出版社
CHINA ECONOMIC PUBLISHING HOUSE
·北 京·

图书在版编目（CIP）数据

港股滚雪球：交易策略、风险应对与案例解析/杨饭著.
北京：中国经济出版社，2017.4
ISBN 978－7－5136－3020－7

Ⅰ.①港… Ⅱ.①杨… Ⅲ.①股票市场—基本知识—香港 Ⅳ.①F832.51

中国版本图书馆 CIP 数据核字（2017）第 078706 号

责任编辑　燕丽丽
责任印制　巢新强
封面设计　任燕飞

出版发行　中国经济出版社
印 刷 者　北京力信诚印刷有限公司
经 销 者　各地新华书店
开　　本　710mm×1000mm　1/16
印　　张　16
字　　数　220 千字
版　　次　2017 年 4 月第 1 版
印　　次　2018 年 6 月第 4 次
定　　价　52.00 元
广告经营许可证　京西工商广字第 8179 号

中国经济出版社 网址 www.economyph.com 社址 北京市西城区百万庄北街 3 号 邮编 100037
本版图书如存在印装质量问题，请与本社发行中心联系调换（联系电话：010－68330607）

推荐序一

《港股滚雪球》的作者叫杨饭。这名字让我想起一部特别喜欢的武侠小说：古龙的《大人物》。因为那本书里的男主人公叫杨凡，平凡的凡。

武侠小说，当然不能少了女主人公。《大人物》的女主叫田思思，世袭镇远侯田二爷的独生女儿。人如其名，真的是一位甜丝丝的大小姐，不仅人长得甜，说话也甜，笑起来更甜。

有那么一天，这位甜丝丝的大小姐，带着她的丫鬟田心、六七箱价值连城的珠宝首饰，以及化妆洗漱用品、被褥枕头、锅碗瓢盆、香炉棋盘，偷偷地溜出家门，女扮男装下江南去了。

毫无疑问，结局我们都想得到，人傻钱多的甜丝丝小姐从溜出门开始，就掉进了一个又一个陷阱。几个时辰之内，连续面对猥琐的、仗义的、精巧的、打抱不平的、道貌岸然的多个骗局。不仅被人骗光了六七箱子宝贝，连自己也被卖进妓院，甚至还成为了杀害少林高僧的帮凶。一天之内，从天堂坠入地狱。

为什么会这样呢？因为她从来没有接触过家门外的世界，不知道江湖的险恶，她以为江湖就像她家的后花园一样安全，每个人都对她百依百顺、服服帖帖。这样的状态下，这位甜丝丝的美人儿带着六七箱子宝贝，能走到江南才是怪事儿呢！

幸好，我们这位甜丝丝的大小姐，不仅有一位愿意拼上性命也要保护小姐的丫鬟，还有一位大智大勇、武功天下无敌的未婚夫杨凡，这才得以逢凶化吉，完完整整地到了江南。

你我虽没有田心这样漂亮贴心的丫鬟，但我们却有“杨凡”——杨饭。杨饭给我们奉献了一本南下香江资本市场的秘籍——《港股滚雪球》。

在这本秘籍里，杨饭给我们介绍了投资港股各种渠道的优劣、开通方法以及注意事项；在这本秘籍里，杨饭给我们介绍了港股和沪深股市交易规则上的细节区别；在这本秘籍里，杨饭给我们介绍了许多通行于香港市场的、包含着奇怪粤语发音的陌生交易术语；在这本秘籍里，杨饭给我们介绍了投资港股的各种信息搜集方法和分析技巧；在这本秘籍里，杨饭给我们介绍了香港市场里各种稀奇古怪、令人脑洞大开的骗术和陷阱；在这本秘籍里，杨饭还分享了他个人在香港市场的投资经验和策略，甚至，杨饭还给出了部分实战案例，居然包括血淋淋的亏损案例。这样一本秘籍，可以想象背后是靠无数的汗水（学习和研究的汗水）加上无数的血水（“割肉”止损的血水）支撑的。

田思思一路上问过无数的问题。古龙说，女人若肯不停地问一个男人各种奇奇怪怪的问题，无论她问得多愚蠢，都表示她至少并不讨厌你。她问的问题越愚蠢，就表示她越喜欢你。

她若连一句话都不问你，你反而在不停地问她，那就糟了。因为那只表示你很喜欢她，她对你却没有太大的兴趣，也许连一点兴趣都没有。一个女人如果连问你话的兴趣都没有了，那她对你还会有什么别的兴趣呢？这情况几乎从没有例外的。

田思思喜欢问问题，所以她进步非常快。

我猜，或许曾经有个很喜欢杨饭的女人，问过很多关于港股投资的奇奇怪怪的问题，而恰好杨饭也对她有那么些意思，于是就搜肠刮肚地不断解释。所以，这本书才写得那么通俗，就算是对香港资本市场一无所知的人，也能看得懂。现在的关键，就看你会不会像田思思一样充满好奇心了。

读完杨饭的《港股滚雪球》之后，你也可以带上你的六七箱子宝贝南下香江。我相信你的箱子不会丢，人也不会被骗到妓院去，你不但不会成为杀害少林高僧的嫌疑人，甚至可能因为在危机之中解救了少林高僧而成为武林中人人称颂的大人物。

香港资本市场，亚洲仅次于东京和上海的第三大资本市场，听说那里遍地黄金、遍地坑，不去看看那里的江湖，总归是投资生涯中的遗憾。但若是没看过杨饭的《港股滚雪球》就贸贸然跳进去，小心连渣都不剩。

唐 朝

2017 年 4 月 21 日

推荐序二

如果说A股是资本市场的高速公路，美股是资本市场的星辰大海，那香港市场更像是盘山小径。

港股估值低但流动性弱，国际化程度高但波动性大（常常有超过80%的上涨、下跌）。

走在这条路上，你确实需要战战兢兢、如履薄冰，但正因为荆棘丛生，鲜有人至，反而能挖出不少值钱的“金子”。你可以找到一条“专属于你的”很长的坡，很湿的雪，专注于滚雪球的事业。

但对于新手来讲，如何避免踩到坑，如何避免滚到荆棘丛中去，成了一个难点。如何躲过下跌80%的“洗舱”，抓住每一个确定性的机会？

新人，你需要一个熟悉这条盘山小径的“老司机”。而在港股市场摸爬滚打多年的杨饭显然就是这样一个合格的司机。

他非常细致地告诉你这条路上的每一个危险、每一个陷阱；什么是港股特有的“老千股”；怎么看出财务作假；该不该碰“窝轮”；什么样的壳资源可以碰，什么样的壳碰不得；该不该接受私有化要约。

这些不同于A股的、港股市场特有的问题，是每一个新手都应该向“老司机”学习的。

这本书倾注了港股“老司机”的所有经验。

在暗流涌动的美股市场游泳多年，港股仍是我所畏惧的市场，这本书对我的帮助也很大。它是我认为的，市场上最优秀的港股入门书籍之一，是国内投资者想跨出A股看世界的一块敲门砖。

雪球大V
《小白投资美股指南》作者
徐佳杰 Pierre

推荐序三

对于内地投资者，如果投资港股是新手的话，“交学费”是难免的。现在，杨饭兄将自己交了学费换来的投资港股的宝贵经验汇集成书，帮助读者少走冤枉路，节省了时间和金钱的支出。

从开户流程，市场交易规则，以及交易术语，到投资策略，包括高息股、成长股、资产型股、价值低估型股、周期股、困境反转股等，这一本书全覆盖了。书中还提供不少极具投资价值的个股介绍，我建议读者去港交所网站下载这些公司的财报，进一步了解研究。

巴菲特两大投资定律，第一条定律是不要输钱，第二条定律是永远不要忘记第一条定律。不要输钱就需要认识风险，认识风险才能够避免风险与控制风险。本书第三部分“风险识别与应对”是我强烈推荐要认真阅读和消化的章节。投资港股要学会避雷，尤其是要避开“老千股”。要认识“老千股”的特征，读者可以在此书找到答案。

最后，最精彩的部分我认为是投资实例分享。从选股的背景，到投资过程，以及经验教训，杨饭兄通过实战案例，让读者彷佛亲历其境，兵不血刃便能学到当中宝贵的经验教训。

本书是一把钥匙，打开内地投资者进入港股市场的通道。

雪球大 V

香港知名财经博主

香港市场先生

自序

投资的学费可以减免吗？

随着经济持续高速增长，中国已经成为全球第二大经济体，与此同时，国民财富增长迅猛，高净值人士数量大增，从而引发了人们对财富增值和传承的关注。但是，在经济发展转型期，经济增长步伐放缓，从而导致“资产配置荒”——可投资产品远远不能满足国民的资产配置需求。另一方面，物价上涨，人民币贬值，多种因素叠加，促使投资者开始以更广阔的视野，探索全球性资产配置的可行性，而香港股票市场是全球重要的股票市场之一。

截至 2016 年 6 月底，港股总市值约 23 万亿港元，全球排名第 8 位。目前，香港市场整体估值水平较低，截至 2016 年 6 月，香港主板公司平均市盈率约为 10 倍，和全球其他主要市场相比，处于估值洼地。纵向比较，恒生指数的市盈率和市净率水平均处在历史低位区域。与此对应的是，香港众多上市公司具有高分红的传统，派息率及股息收益率较高。因此，估值低加上良好的分红水平，使目前的港股具有较高的投资价值。

但是，因为政策、监管、市场等多方面的原因，港股仍是比较小众的投资品种，市场上与港股投资相关的书籍也不多。

随着人民币国际化逐步推进，资本市场的开放与融合成为趋势。对外经济往来日益频繁，个人手里积攒的外汇也越来越多，如果中国老百姓拿着合法额度的外汇仅仅是出去旅游、消费、购物，结果也仅是刺激了外国的经济，本国并没有产生什么经济效益。

在这样的背景下，逐步放开居民的对外投资渠道是一种必然的选择。从QFII允许外资机构投资A股、QDII允许居民通过机构投资外围市场，到人民币利率逐步市场化，而汇率也实行更宽松的浮动区间，这些都表明中国资本市场的开放将会持续深入。

可以看出，在监管可控的局面下，普通投资者的对外投资渠道将逐步放开。A股市场也将逐步改革，直至与国际接轨。沪港通和深港通最积极的意义在于迈出了直接投资外围股市的关键一步。而不少投资者甚至已经通过各种渠道先行布局港股市场。

同时，处于历史极低估值区域附近的港股市场，也是价值投资者的首选区域。而在香港上市的很多公司都是内地企业，投资者较为熟悉。如恒生国企指数整体市盈率不足8倍，而其中不少企业都是国企中的优质资产，具有极高的投资价值。香港上市公司来源于全球26个不同的国家和地区，其中不乏全球知名的优秀企业。可以说，通过港股市场，投资者可以投资外围这些优质公司，分享公司发展的成果，初步实现资产配置多元化与全球化这一“小目标”。

但必须看到，在具备极大吸引力的同时，香港股市里老千公司横行，各种合股、供股，低价配售，损害小股东利益的行为比比皆是，而港股实行T+0D当日回转交易及不限涨跌幅的制度，很多股票当日的股价可以上天入地，波动巨大。各种看似估值低廉的个股比比皆是，投资者如果对风险没有足够的认识，以为估值低就盲目冲进去，往往会亏得血本无归。

本书汇集了笔者多年的港股投资经验及交易笔记，可以说是交了不少学费的产物，但幸好这些学费已经连本带利收回来了。本书从投资基础知识、投资策略、风险认识与应对、经验教训及案例分享等多方面与投资者分享如何去投资港股，希望对大家有所裨益。

本书前面有部分内容发表在雪球财经网站，获得了不少投资者的回应、转发与交流互动，并引起了相关出版社的注意并邀约写一本书。对于写书，我是诚惶诚恐的，毕竟个人的水平离真正的投资高手还有很大的距离。但细想想，自己其实就是一个散户，如果能从散户的角度，给大家介绍一下投资港股的入门知识，缩短个人投资者为获得这些知识所付出的时间成本并减少金钱代价，也是功德无量的事情。毕竟时间是宝贵的，而钱财更是来之不易，无论时间还是金钱，都应该高效利用才是。于是硬着头皮出发了，把所有本职工作之外的时间都投入到了整理与写作本书当中，先出版了电子书。时隔一年，再回顾的时候感觉很有必要对原有的内容进行较大的修订与完善，于是有了本书。

通过编写这本港股投资小书，笔者也进一步系统地整合了杂乱的投资体系，提升了对港股投资的认识，也希望大家在投资港股的路上可以一帆风顺，收获满满的投资收益的喜悦。

需要注意的是，本书更适合还未开始投资港股但希望进军港股的“菜鸟”投资者，也适合对港股有一定的交易经验，但仍然处于迷茫中，迫切需要进一步提高认识与交易技巧的投资者，及其他对香港证券市场有兴趣做知识储备的各类人士。

本书将以非正式的写法，把我想介绍的一些投资知识及想阐述的观点，以第一人称的方式，告诉大家。希望我的坦诚、有时甚至是直言不讳不至于冒犯任何人。特别希望书中的观点与理念，能弥补文笔之拙劣，并帮助投资者初步建立正确的投资理念，快速迈入港股投资的康庄大道。

杨　饭

2017 年 3 月

目　录

第一部分　投资知识储备

本部分主要介绍投资港股需要掌握的基础知识。投资是没有捷径的，必须从基本功开始练习，而基础知识是投资必须要掌握的。唯有基础扎实，才不会在日后的投资中因无知而错失机会或者掉入陷阱。

第二部分　投资策略

虽然投资的本质到哪都一样，但每个特定的市场都有其独特的风格特点。投资者如果能够熟悉目标市场的特点，采取相适应的策略，会有更大的可能获得投资收益。

本部分主要介绍港股投资中几种可行的投资策略，如以股息为主的投资组合，博弈重组、壳资源买卖的组合，以成长股为重点或者是挖掘隐蔽资产等方式。不同的策略适合不同的投资主体，采取何种投资策略因人而异。

当然，你不需要每一种策略都很精通，只需要选择适合自身特点的就已足够。另外，要牢记：要赚大钱，必须要有足够的耐性。

为了便于读者理解，本部分内容将会列举大量个股。请注意，列举这些个股并无推荐之意，仅是为了让读者更好地理解文中所要表达的思想，请勿据此做出简单的投资决策。

第三部分　风险识别与应对

风险无处不在，且有很多种类。有些风险是投资者无法把控的，如黑天鹅事件、重大灾害等不可抗力事件；有些风险则可以事先识别并通过适当防范措施而减小或避免。投资者应了解风险、识别风险，并采取适当措施应对风险。

本部分针对香港市场的特点，重点与读者分享投资港股过程中，应重点关注的风险点，以及防范措施。

第四部分　经验与案例分享

本部分主要总结了自己多年投资港股过程中的所思所想，有些是成功的经验，也有些是失败的教训。希望这些经验和教训可以帮助读者建立正确的港股投资理念。

案例分享部分，有些是已经完成投资的案例，有些则是持有过程中的案例，并不作为投资建议，只希望给读者提供一些思考的角度。

第一部分　投资知识储备

本部分主要介绍投资港股需要掌握的基础知识。投资是没有捷径的，必须从基本功开始练习，而基础知识是投资必须要掌握的。唯有基础扎实，才不会在日后的投资中因无知而错失机会或者掉入陷阱。

第一章　港股的魅力

第一节　香港证券市场概览

香港市场的规模与地位

香港证券交易的历史可追溯到1866年，但直至1891年香港经纪协会设立，香港才成立了第一个正式的股票市场。1969—1972年，香港设立了远东交易所、金银证券交易所、九龙证券交易所，加上原来的香港证券交易所，形成了四家交易所鼎足而立的局面。1980年7月7日，四家交易所合并成香港联合交易所。发展到现在的联交所，全称“香港交易及结算所有限公司”（Hong Kong Exchanges and Clearing Limited），简称“香港交易所”（HKEx），是全球领先的交易所及结算所营运机构，按市值计算是全球最大的交易所集团之一，本身也是自己监管的市场的上市公司（香港交易所：HK. 00388）。

香港交易所经营证券和衍生产品，提供相关的交易及结算服务，上市证券品种丰富，包括现货、期货和期权交易等市场，也是香港上市公司的前线监管机构。集团的全资子公司还包括全资控股的世界首屈一指的金属交易所——伦敦金属交易所（London Metal Exchange，LME）。

香港股票市场是全球重要的股票市场之一，截至2016年9月，世界各大交易所的市值排名如表1－1所示，香港排名第七。

表1－1　世界各大交易所排名

交易所(英文)	交易所(中文)	世界排名	亚洲排名	市值（以10亿美元计)
US（NYSE Euronext）	美国(纽约泛欧交易所集团)	1		18,860.23
US（Nasdaq OMX）	美国(纳斯达克OMX)	2		7,637.44
Japan（Japan Exchange Group）	日本（日本交易所集团）	3	1	5,011.39
China（Shanghai）	中国(上海)	4	2	3,985.38
UK（London Stock Exchange Group）	英国(伦敦交易所集团)	5		3,732.02
Europe（NYSE Euronext）	欧洲(纽约泛欧交易所集团)	6		3,465.35
Hong Kong	中国(香港)	7	3	3,300.66
China（Shenzhen）	中国(深圳)	8	4	3,288.39
Canada（Toronto）	加拿大(多伦多)	9		1,963.62
Germany（Deutsche Borse）	德国(证券及衍生工具交易所)	10		1,695.96
India	印度(孟买证券交易所)	11	5	1,662.88
Switzerland	瑞士	12		1,460.77
Korea	韩国	13	6	1,378.94
Australia	澳大利亚	14		1,301.39
Northern Europe（Nasdaq OMX Nordic Exchange）	北欧(纳斯达克OMX)	15		1,209.11

资料来源：香港交易所网站。

截至2017年1月，香港交易所市场整体概况如表1－2、表1－3、表1－4、表1－5所示（币种为港币）。

表1－2　上市证券（主板及创业板）

	2017年1月	2016年1月	2016年底
上市公司数目（家）	1,990	1,873	1,973
市价总值（亿港元）	261,253	218,500	247,613

续表

	2017年1月	2016年1月	2016年底
新增上市公司（家）	17	8	126
上市证券（只）	8,745	8,953	8,591
股本认股权证(只)	9	13	9
衍生权证（只）	3,678	4,566	3,705
牛熊证（只）	1,994	1,578	1,844
信托基金（只）	157	146	157
债券(只)	907	768	892

资料来源:香港交易所网站。

表1-3　证券市场成交金额（主板及创业板）

	2017年1月	2016年12月	增/减（%）
每月成交金额（百万港元）	1,087,286	1,277,777	-14.9%
每日平均成交金额（百万港元）	57,226	63,889	-10.4%

资料来源:香港交易所网站。

表1-4　各类证券成交金额（主板及创业板）

	2017年1月（百万港元）	2016年12月（百万港元）	增/减（%）
股份	750,109.40（69.0%）	940,784.99（73.6%）	-20.3%
衍生权证	199,608.27（18.4%）	178,895.16（14.0%）	11.6%
牛熊证	73,235.61（6.7%）	78,264.80（6.1%）	-6.4%
单位信托基金（包括交易所买卖基金）	62,223.12（5.7%）	78,505.45（6.1%）	-20.7%

资料来源:香港交易所网站。

表1-5　中国内地企业（主板及创业板）

	2017年1月	2016年1月	2016年底
H股（只）	242	229	241
红筹股（只）	159	151	153

续表

	2017 年 1 月	2016 年 1 月	2016 年底
内地民营企业（只）	610	577	608
市价总值（占整体市价总值百分比）	63.0%	62.0%	63.3%
成交金额（占整体股份成交金额百分比）	70.8%	72.1%	70.6%

资料来源：香港交易所网站。

香港市场的监管机构

香港证券及期货事务监察委员会（简称“证监会”）和香港交易所是市场的主要监管者，但两者的职能不同。

香港证监会于 1989 年成立，是独立的法定机构，是负责监管金融及投资领域的四家金融监管机构之一。

表 1－6　香港金融细分行业的监管机构及主要职责

行业	监管机构	主要职责
银行业	香港金融管理局	监管金融机构、 进行货币政策的操作及管理外汇基金
保险业	保险业监理处	监管保险公司及保险中介人
强制性公积金计划	强制性公积金计划管理局	监管及监督公积金计划
证券及期货	证监会	监管证券及期货市场

根据《证券及期货条例》，证监会须担当多重角色。主要职责包括维持和促进证券期货业的公平性、效率、竞争力、透明度及秩序。工作范畴包括：

- 制定及执行市场法规，包括调查违规个案及市场失当行为；
- 向进行受证监会规管的活动的中介人发牌及予以监管；
- 监察交易所、结算所、股份登记机构及另类交易平台等市场营运机构的运作，并协助优化市场基础建设；
- 预先审批拟向公众发售的投资产品及其销售文件；
- 监督适用于公众公司的收购合并规例，以及监察香港联合交易所有限公司规管上市事宜的表现；

- 与本地及海外的监管机构合作并提供支援；
- 协助投资者了解市场运作、投资风险及本身的权利和责任。

香港交易所（港交所）本身是一个在香港市场上市的交易所集团，主要包含香港联合交易所（联交所）、香港期货交易所及伦敦金属交易所三大主要机构，为股本证券、大宗商品、定息及货币等多种资产类别产品提供交易及结算服务。

港交所主要职责包括：监管上市发行人；执行上市、交易及结算规则；主要在机构层面向交易所及结算所的客户提供服务。交易所及结算所的客户包括发行人及直接服务投资者的中介人，如投资银行或保荐人、证券及衍生产品经纪、托管银行和资讯供应商等。交易所及结算所提供的服务包括交易、结算及交收、存管及代理人，以及信息服务。

港交所主要通过《上市规则》、证监会的《公司收购及合并守则》《公司购回本身股份守则》以及其他适用的条例对资本市场进行监管。

但是，既是上市公司，同时又是市场监管者的双重角色，使港交所的地位比较尴尬。作为上市公司需要提高效率，做出业绩，回报股东；但作为监管者，又要强调公平、公开、公正，必然会某些时候限制市场的交投活跃性。因此港交所的双面角色经常受到抨击。

第二节　市场吸引力

香港证券市场的吸引力主要体现在三个方面。

估值低廉，股息收益理想

我们首先通过图 1－1 来看看恒生指数目前的估值情况。

市净率指标是衡量市场整体上市公司估值最可靠的指标。由图 1－1 可以看出，在 2007 年市场最疯狂的时候，恒生指数整体的市净率超过 4 倍，

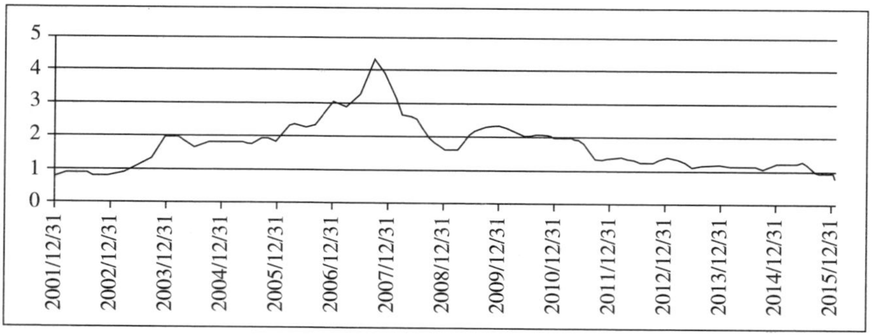

图 1-1　2001—2015 年港股市净率

而目前仅不足 1 倍，基本处于历史低位附近，估值低廉，具有相当大的吸引力。

另外，从股息率来看，2015 年主板整体市场的股息收益率约为 3.7%，恒生指数的 10 年平均派息率达到 35%，市场总体的股息回报十分理想。

交易品种丰富

港交所提供的交易品种十分丰富，除了接近 2000 家上市公司的股票外，还有丰富多样的衍生品，投资者可以实现多品种组合配置。这些衍生品主要包含 5 种类型。

（1）股市指数产品。

- 恒生指数期货及期权（包括自订条款指数期权）
- H 股指数期货及期权（包括自订条款指数期权）
- 小型恒生指数期货及期权
- 小型 H 股指数期货及期权
- 股息期货
- 恒指波幅指数期货
- 中华交易服务中国 120 指数期货
- 金砖市场期货
- 行业指数期货

（2）股票产品。

- 股票期货
- 股票期权

（3）货币期货。

- 美元兑人民币（香港）期货
- 欧元兑人民币（香港）期货
- 日元兑人民币（香港）期货
- 澳元兑人民币（香港）期货
- 人民币（香港）兑美元期货
- 利率及定息产品
- 港币利率期货

（4）商品。

- 伦敦铝期货小型合约
- 伦敦锌期货小型合约
- 伦敦铜期货小型合约
- 伦敦镍期货小型合约
- 伦敦锡期货小型合约
- 伦敦铅期货小型合约

市场提供了丰富多彩的产品，投资者可以建立一个理想的多元组合。例如，投资者无论是看多还是看空人民币、美元等主流货币，市场都有对应的产品可以提供，也有大宗商品的期货合约、整体指数类别的期权、个股的涡轮牛熊证等。可以说，即使在熊市阶段，只要投资者组合得当，仍然可以获取良好收益。当然这需要更高的技巧，对投资者的能力也有更高的要求。

交易机制灵活

市场提供了丰富的产品，与之相配套的是灵活的交易机制，投资者可以做多也可以做空，可以很方便地建立多空对冲组合，降低风险。

当然，凡事有利必有弊，品种的丰富多样性与交易制度的灵活带来的副作用是监管的难度加大，同时，由于香港政府倡导自由市场经济，资金受管制的力度较轻，资金流动快，从而使市场的波动放大，风险提升。对个人交易者而言，他们面临的风险层次更多。关于市场的风险分析，参见本书第三部分“风险识别与应对”。

第三节　资产全球配置的起点

香港证券市场的投资者结构十分均衡。大约 50% 的成交额来自机构投资者，当中来自海外的机构投资者成交超过一半，另一半来自香港与内地的机构投资者。香港证券市场有 30% 的成交额来自个人投资者，其中三分之二来自香港，另有 20% 的成交额来自本地经纪的自营交易①。

香港上市公司来源于全球 26 个不同的国家和地区，其中不乏全球知名的优秀企业。通过投资香港证券市场，可以初步实现资产的全球配置这一“小目标”。目前大概可以通过三种投资途径实现。

直接投资资产与业务分布在中国内地以外的其他国家、地区的上市公司

这样的公司香港市场有很多，其中不乏全球著名的公司及资产收益良好的公司，笔者简单列举几家。

友邦保险（HK. 01299）

具有近百年的历史，是全球最大的泛亚地区独立上市人寿保险集团，业务遍布亚太区的 15 个市场，提供全面的产品及服务，涵盖意外及医疗保险、寿险及退休计划，满足个人客户在储蓄、保障及投资方面的需要，此

---

① 资料来源：2014/2015 现货市场交易研究调查。

外亦为企业客户提供雇员福利、信贷保险和退休保障服务。

FAST RETAIL – DRS（HK. 06288）

即我们常光顾的“优衣库”，日本著名的零售业控股公司，专为男士、女士、儿童及婴儿提供优质服饰的零售商。

GLENCORE – S（HK. 00805）

中文名“嘉能可”，Glencore 是领先的综合商品生产商及营销商，在全球范围内广泛从事金属及矿产、能源产品及农产品营销、生产、精炼、加工、存储及运输活动，大宗商品巨头。

利标品牌（HK. 00787）

从利丰分拆出来的上市公司，是全球领先的品牌服装、鞋类、时装配饰及相关时尚产品公司之一。设计、开发、推广及出售有关产品，形成了包括自有品牌与授权品牌及多种产品类别的多元化组合。客户主要为来自美洲、欧洲及亚洲地区的零售商。

普拉达（HK. 01913）

全球享负盛名的时装及奢侈品集团之一，通过 Prada、MiuMiu、Church’s 及 Car Shoe 品牌设计、生产、推广及销售高级皮具用品、成衣及鞋履。

云顶香港（HK. 00678）

马来西亚公司，主要从事邮轮旅游及相关业务，以及休闲、娱乐及旅游款待业务。以丽星邮轮品牌在亚洲经营邮轮旅游业务，是亚洲邮轮业的先驱。丽星邮轮连同挪威邮轮为世界第三大邮轮公司，航线遍及全球。

NIRAKU（HK. 01245）

NIRAKU 在日本经营日式弹珠机游戏馆，提供日式弹珠机及日式角子机供顾客游玩，是一种涉及运气成分的休闲娱乐游戏。在日式弹珠机游戏馆运营商中排名前列。①

DYNAM JAPAN（HK. 06889）

业务与 NIRAKU 类似，以 4 家弹珠机所经营的企业（全国 355 家店

① 注：弹珠机（パチンコ）始创于日本，是一种具有娱乐与博彩成分的机器。

铺）作为中心，经营范围涉及不动产、会计资讯处理、游乐设施、广告公司的会社，同时旗下一共有 9 家公司，集团职员人数多达上万人。

金界控股（HK. 03918）

博彩股，金界控股主要业务为在柬埔寨经营酒店及娱乐城 NagaWorld。NagaWorld 是柬埔寨王国首府金边市心脏地带的重要地标，是城中名闻遐迩的酒店与赌场娱乐设施。

第一太平（HK. 00142）

第一太平的业务以经营电讯、基建、消费性食品及天然资源为主。其股份亦通过美国预托证券方式在美国进行买卖。持有印度尼西亚及菲律宾等国家的多个大型公司，如 PLDT、MPIC、Indofood 及 Philex 的经济权益。

陆氏集团（越南）（HK . 00366）

陆氏集团主要业务及资产均位于越南，制造及销售水泥，物业投资，物业发展，制造及销售中成药产品，销售电子产品，制造及销售夹板及其他木制产品。同时在香港屯门有待开业酒店的业务。

VTECH HOLDINGS（HK. 00303）

中文名称叫“伟易达”，成立于 1976 年，是全球最大的无线电话生产商，亦是世界主要的电子学习产品供应商，同时提供备受推崇的承包生产服务。其营收欧美市场占比 9 成，主要业务为设计、生产及分销消费性电子产品。

港股中这类公司还有很多，投资者有兴趣可以继续挖掘。

通过投资外围股票指数期货及 ETF 等相关指数产品

比如，可以投资在香港交易所挂牌买卖的 BRICS[①] 交易所基准指数期货。香港交易所有关 BRICS 基准指数的股指期货，是在期交所上市、在 HKATS 买卖的港币现金结算期货合约。在香港交易所买卖 BRICS 交易所基

① BRICS，金砖五国（巴西、俄罗斯、印度、中国及南非，简称 BRICS）已成全球经济增长的重要源头。

准指数期货合约有以下优点：

●亚洲投资者可在亚洲时区以港币投资 BRICS 市场。

●作为有效对冲工具，投资者可有效管理其在 BRICS 市场相关产品（如股份组合、交易所买卖基金、投资基金及结构性产品）的风险。

●跨市场套利机会，交易员可在香港交易所与其本土市场之间寻找套利机会。

●高成本效益，香港交易所的期货合约是投资者具成本效益的杠杆投资工具。

●对手风险低，每宗交易均由香港期货结算有限公司（香港交易所附属公司）做中央结算对手，减低对手风险。

通过投资货币、商品等期货合约

可以交易各种主流货币，如美元、日元、澳元及欧元等兑人民币（港币）的期货及大宗商品，如伦敦铝／锌／铜／镍／锡／铅期货小型合约。

第二章　如何投资港股

本章主要介绍港股投资最基本的知识，比如，如何开户、换汇、转账汇款、交易及进行信息查询等，这是投资的第一课。港股市场作为一个开放的、国际化的市场，很多交易方面的设计都与 A 股大不相同，内地投资者具有的 A 股市场的知识与经验，很大程度上都不适用于港股，很多知识需要重新学习。

第一节　投资渠道

内地人士（指具有中国国籍的个人投资者）要想投资港股，目前大概有四种方式，现逐一介绍，投资者可自行比较哪种方式适合自身特点。

港股通：最便捷的渠道

当下公认的最便捷的直接投资港股方式还是通过“港股通”，港股通又分为沪港通和深港通，两者的核心区别是交易的目标成份股不大一致。

沪港通

沪港通于2014 年11 月17 日（包含南下的港股通与北上的沪股通）正式启动，它也成为继 2007 年推出“港股直通车”后又一个沟通 A 股和 H

股的通道。之所以说港股通是当下最直接的投资港股的途径，是因为其开通非常便捷，只要投资者个人的证券账户资产（包含现金、股票及基金等一系列资产组合）够50万元人民币，就有资格申请开通，而且可以直接通过券商的交易软件申请，无须去柜台办理，非常方便。

开通港股通业务并不是直接开通投资者的港股账户，某一方面而言它只是开通A股账户中的一项交易业务，投资者可以交易港股通所包含的成份股。成份股在交易软件上以港币报价、交易，然后以人民币作为交收货币，每日收盘结算。

沪港通可交易的成份股主要由恒生综合大型指数成份股、恒生综合中型指数成份股构成，成份股每隔一段时期会有所调整，最新可交易的具体成份股相关公司可查询上交所网站（http：//www. sse. com. cn/marketservices/hkexsc/home/）。

深港通

2016年12月5日开通，深港通相对沪港通的一个重大区别是投资的范围大了很多，投资者可选公司数量大幅上升到417只，包括恒生综合大型股100只、恒生综合中型股193只、恒生综合小型股95只、不在上述指数成份股内的A+H股29只。目前整个深港通可交易的成份股，其总市值之和约占香港联交所上市股票市值的87%，日均成交额的91%。从市值及成交额占比来看，基本已经囊括了港股的多数具有较好流动性的公司。深港通的开通条件与沪港通一样，都要求投资者的账户资产达到50万人民币，可以通过交易软件自行开通。深港通可交易的成份股具体可查询深交所网站或者港交所网站。

港股通一年总额度最早设定为每年2500亿元人民币，每天交易额度为105亿元人民币。随着深港通的实施，沪深两地的港股通年交易总额的限制已经取消，但仍然保留每日105亿人民币总额的交易额度限制。

特别说明

2017年春节期间，中国外管局颁布了一个新规，加强境外直接投资真实性合规性审核，包括要求办理资金汇出时还需说明投资资金来源与资金用途，境内机构利润汇出前应先依法弥补以前年度亏损，并扩大境内外汇贷款结汇范围等。同时在银行换汇的界面增加了一项“个人购汇申请书”的操作，如下所示，需要个人对换汇的用途进行说明。

个人购汇申请书

根据《中华人民共和国外汇管理条例》（国务院令2008年第532号）、《国际收支统计申报办法》（国务院令2013年第642号）、《个人外汇管理办法》（中国人民银行令〔2006〕第3号）、《个人外汇管理办法实施细则》（汇发〔2007〕1号）等规定，个人购汇实行便利化额度（年度总额）管理，应当具有真实、合法的交易基础，如实申报购汇信息。

一、依据法律法规，境内个人办理购汇业务时：

1. 不得虚假申报个人购汇信息；

2. 不得提供不实的证明材料；

3. 不得出借本人便利化额度协助他人购汇；

4. 不得借用他人便利化额度实施分拆购汇；

5. 不得用于境外买房、证券投资、购买人寿保险和投资性返还分红类保险等尚未开放的资本项目；

6. 不得参与洗钱、逃税、地下钱庄交易等违法违规活动。

购汇申请书第5条明确了个人购汇不得用于境外证券投资。相比原来的政策，新政严格了购汇的用途，因此以下的港股直接投资渠道过去可用，但现在对于计划新开港股账户的投资者，应自行仔细斟酌。

银行渠道：最保险的方式

与内地限制银行进行混业经营不同，香港允许银行提供证券交易服务，只要持有相关证券业务牌照。因此很多在香港设有分支机构的银行多数都可以提供港股交易服务。内地的很多银行（当然最好是选择大的银行或外资银行）都可以办理外币卡，只要相关银行在香港持有证券业务牌照，这个银行发行的外币卡基本都有证券投资交易功能。因此，内地投资者可以通过办理外币卡同时开通香港股票的交易功能业务，进行港股的直接买卖。

用银行账户交易的优点是资金安全有保证。此前曾经发生过香港的小券商破产倒闭的情形，而按相关规定，投资者只能拿回一定比例的资金，目前最高额度仅有15万港元。通过银行交易港股的缺点在于多数银行的证券交易界面较为简陋，同时收费也较高，对于有频繁交易习惯的投资者不一定适合。

内地券商的香港业务部门

很多内地券商在香港设立有分支机构，持有香港的证券经纪业务牌照，因此投资者可以通过这些内地券商在香港的业务机构办理港股直接交易业务。比较常见的券商有国泰君安国际、招商证券香港、海通国际及广发证券等，基本都可以开立港股投资账户。

并不是所有券商都能开通港股账户，所以对于内地已有A股账户的投资者，可以咨询与自己对接的券商投资经理。

通过券商交易的好处是，一般券商提供的交易软件信息比较齐全，投资者进行投资分析会相对简便。

外资券商（含香港本地）

如果外资券商（如我们耳熟能详的花旗、瑞银等）在内地没有分支机构，则投资者必须本人亲自到香港办理。内地居民通常很少使用外资券商，毕竟存在语言、习惯、服务方面的差异。

另外，有的券商可直接通过网络开户，目前资信较好且已开通网上开户服务的机构有：国京证券、国信证券（香港）、富途证券、国都证券香港、香港耀才证券、盈透证券。以下机构可以网上预约开户：第一上海证券、广发证券香港、交银国际、招商证券（香港）、安信证券国际、国泰君安（国际）、中信证券国际、越秀证券、中信建投香港、海通国际证券、时富金融、国都证券（香港）、新鸿基金融、信诚证券、国元证券（香港）、华富嘉洛证券、光大证券香港、申银万国（香港）、耀才证券、富昌证券、工银国际、凯基证券、金道投资、中银国际。①

第二节　开户流程

传统券商营业部柜台开户流程

准备资料

（1）身份证明：身份证正反面复印件或护照复印件均可。

（2）银行卡复印件：银行卡正反面复印后在复印件上签字即可。

（3）地址证明：物业公司开具的住址证明，或个人信用卡三个月内的月结单、水电费单、煤气费等能证明本人住址的单据。

开户步骤

（1）携带开户资料到券商营业部柜台，填写开户表格。可选择现金账户和保证金账户（保证金账户是可以进行股票抵押的账户）。

（2）开户资料（身份证复印件、地址证明、开户表格）将由工作人员每日晚五点快递到香港总部。

后续处理

通常三天左右便会接到该券商的香港公司员工的信息确认电话。如果表格中有填错的或不妥的，也会在电话中说明；如果一切顺利，就进入到下一步中。

之后会收到电子邮件，邮件中有账号信息和密码，说明开户成功，然

① 网络开户方面，笔者只尝试过富途证券。

后按提示汇款就可以进行港股交易了。开户成功后，相关券商公司将会给你在香港某某银行（券商指定）以你的名字开一个信托账户（用于资金托管）。

网络券商的开户流程

准备的资料和上述传统柜台券商要求的一致，最主要的环节是增加了见证人服务。见证人的作用相当于柜台开户时券商工作人员的性质，投资者可以不用到柜台去开户，更为方便。现在有些网络券商则不需要见证人这一环节，例如雪盈证券，下载 APP 后，仅需上传内地身份证图片并填写开户资料即可，所有流程都可以在线上完成。

第三节　渠道比较

以下笔者从佣金、行情、支持市场、交易软件等四个方面对比市场上比较受欢迎的几个券商的不同点，希望能给想要开通港股账户的投资者一些参考，如表 2－1 所示。投资者可以根据自身的需要选择相应的券商或银行开立港股交易账户。需要注意的是，下表中各机构的佣金会有变动，投资者开户之前，应和经纪人落实具体佣金水平。

表 2－1　在不同券商开立账户的比较

券商	雪盈证券	国泰君安	中银国际	盈透	史考特
券商类型	互联网券商	传统券商	传统券商	传统券商	传统券商
简介	提供方便快捷的港、美股开户与交易服务	为国泰君安证券的子公司。集团于香港营业	是中国银行旗下的全资附属投资银行机构	Interactive Brokers 盈透有限公司是全球最大的专业网上交易券商之一	美国史考特证券，在美国拥有 300 家以上的分支机构，是美国最大的券商之一

续表

券商	雪盈证券	国泰君安	中银国际	盈透	史考特
佣金	港股（最低18港元,0.03%）。美股（0.002美元每股）	港股(0.20%~0.08%，最低100港元）。美股（0.20%，最低20美元）	港股（最低100港元）。美股（最低25美元）	港股（0.08%，最低18港元）。美股（每股0.005美元）	港股（不支持）。美股（每笔7美元）
行情	实时行情（免费）	延时行情（免费）。实时行情（收费）	延时行情（免费）。实时行情（收费）	延时行情（免费）。实时行情（收费）	实时行情（免费）
资金要求	无限额	无限额	无限额	现金账户：10000美元。保证金账户：10000美元	现金账户：500美元。保证金账户：2000美元
支持市场	港股、美股、A股	港股、美股	港股、美股	港股、美股	美股

表2－2是部分资信比较好的银行和券商的交易手续费比较，投资者可以通过比较选择适合自己的券商和银行开户交易（数据是根据网上信息整理，可能有一定变动，实际费用需咨询相关券商或银行）。

表2－2　部分券商、银行港股交易费用对比

类别	券商	交易佣金	最低	网上交易佣金	最低
证券行	安信国际	0.25%	100	0.25%	100
银行	富邦银行	0.25%	100	0.25%	80
银行	工银亚洲	0.1%～0.25%	100	0.1%～0.2%	88
证券行	国泰君安香港	0.08%～0.2%	100	0.25%	100
证券行	国信香港	0.25%	100	0.25%	100
证券行	国元香港	0.25%	100	0.25%	100
证券行	海通国际	0.25%	100	0.15%起	100

续表

类别	券商	交易佣金	最低	网上交易佣金	最低
银行	恒生银行	0.25%	100	0.25%	100
银行	花旗银行	0.40%	125	0.25%	100
证券行	华泰金融	0.25%	100	0.25%	100
银行	汇丰银行	0.40%	100	0.25%	100
银行	交通银行	0.25% ~0.5%	100	0.25%	100
银行	上海商业银行	0.25%	100	0.25%	100
证券行	申银万国香港	0.25% ~0.5%	100	0.25% ~0.5%	100
证券行	时富证券	0.25%	100	0.25%	100
证券行	新鸿基	0.14%	88	0.14%	88
证券行	富途证券	0.05%	100	0.05%	50
银行	渣打银行	0.30%	不设最低收费	0.20%	不设最低收费
证券行	招商证券香港	0.25%	100	0.25%	100
证券行	招银国际	0.25%起	100	0.20%	80
证券行	中银国际	0.25%	100	0.20%	100
银行	中银香港	0.25%	100	0.25%	100
证券行	平安证券香港	0.25%	100	0.15%	100

尽管少数的券商在推广期可能会有佣金的优惠，但总体来说，**港股的交易佣金远高于 A 股**，加上其他交易所征费，整体成本较高。所以投资者如果过度频繁交易但本金又比较少，光佣金及交易所征费就会很受“伤”。因此，笔者建议以更谨慎的态度选股，减少频繁交易，以中长期持有的方式投资为好。

第四节　曲线投资港股

如果投资者不方便开港股账户，同时证券账户的资产达不到50 万元人民币，不够沪、深港通的开通资格，但又不想错过港股的低估值，可以通过“曲线救国”的方式间接投资港股，主要方式是从二级市场购买或者直接申购由各大基金公司发行的跟踪港股相关行业公司以及港股指数的基金，同样可以参与到港股的投资盛宴中来。

目前国内投资港股的基金，主要包括场内和场外两大类。场外基金只能申购赎回，无法交易；普通开放式基金都属于场外基金，每天以收盘后公布的净值作为申购赎回的价格依据。而封闭式基金、LOF、ETF这些基金等为场内交易基金（即可以在二级市场交易的基金），有即时行情。封闭式基金可以直接通过证券账户进行买卖，LOF和ETF既可以通过账户买卖，也可以通过场外进行申购或赎回，如银行、证券公司的代销，基金公司的直销渠道，通过场外操作的如要转场内交易一般要经过比较复杂的操作才行。

我们可以看到，在港股火热的同时，这些相关的基金也出现了大涨。而基金的购买起点往往很低，也非常方便，基本通过A股的股票账户都可以购买。目前以港股为投资标的的基金就是常说的港股QDII，主要包括ETF基金和分级基金两种。以港股为投资标的的QDII有很多，如银华H股、易方达亚洲精选、嘉实恒生H、嘉实恒指ETF、南方恒指ETF；分级基金主要有添富恒生（子基金恒生B、恒生A）、H股分级（子基金H股B、H股A）等，主要基金如表2－3所示。

表2－3　以港股为投资标的的基金

代码	名称	跟踪指数	场内/场外
SH501021	香港中小	标普香港上市中国中小盘指数	场内
SZ161124	香港小盘	香港恒生综合小型股指数	场内
SZ159920	恒生ETF	香港恒生指数	场内
SH510900	H股ETF	恒生中国企业指数	场内
SZ164705	添富恒生	香港恒生指数	场内
SZ160717	恒生H股	恒生中国企业指数	场内
SZ161831	H股分级	恒生中国企业指数	场内
SH513660	恒生通	香港恒生指数	场内
SH513600	恒指ETF	香港恒生指数	场内
SZ160125	南方香港	香港恒生指数	场内

续表

代码	名称	跟踪指数	场内/场外
F519601	海富通中国海外股票	MSCI 中国指数	场外
F040018	华安香港精选	MSCI 中华指数	场外
F100061	富国中国中小盘股票	MSCI 中国自由投资中小盘股票指数	场外
F270023	广发全球精选股票	60% ×MSCI 全球指数 +40% ×恒生指数	场外
F470888	汇添富香港优势精选股票	MSCI 中华指数	场外
F040021	华安大中华升级股票	MSCI 金龙净总收益指数	场外
F519709	交银全球资源股票	MSCI 全球原材料总收益指数收益率 ×65% + MSCI 全球能源总收益指数收益率 ×35%	场外
F050015	博时亚太精选股票	65% × MSCI Zhonghua + 35% × MSCI AC Asia Pacific ex Zhonghua	场外
F519602	海富通大中华股票	MSCI 金龙净总收益指数	场外
F262001	景顺长城大中华股票	摩根士丹利金龙净总收益指数	场外

随着时间的推移，各基金公司总会推出一些新的基金，此处就不再一一列举了，投资者在明白了投资渠道后可自行追踪。另外，这些投资 A 股市场外的场外基金，主要以 QDII 形式存在，计算净值时，除受到跟踪的指数变动外，还会受到汇率波动的影响，投资者要明白这一点。

这些可供投资的基金主要投资标的是恒生各相关指数的成份股或者海外中国企业指数、亚太企业指数等相关指数。不同的指数的成份股差异较大，投资者在投资前应先弄明白所投资的标的跟踪的指数以及交易方式。

第三章　交易知识

第一节　交易规则

交易时间

具体交易时间段的划分与规则

自 2011 年 3 月 7 日起，香港交易及结算所有限公司延长港股交易时段至五个小时，即早上 9:30—12:00，下午 13:30—16:00。2012 年 3 月 5 日起，港交所旗下证券市场的午盘交易时段进一步调整为 13:00—16:00，早盘交易时段不变，全天交易时间延长至 5.5 小时。具体的交易时间段如表 3－1 所示。

表 3－1　港股交易时段及规则

交易时段	交易时间	交易规则
开市前时段	9:00—9:30	9:00—9:15 输入买卖盘时段，港股通投资者可通过竞价限价盘申报，并且期间仅能撤销订单而不可以修改订单。

续表

交易时段	交易时间	交易规则
持续交易时段	9:30—12:00 13:00—16:00	港股通投资者可通过增强限价盘在该时段申报或撤销申报，但不得修改订单。 港股通投资者可在 12:30—13:00 撤销上午未成交的申报
收市竞价交易时段（仅适用于收市竞价交易时段证券）	16:00—16:01	计算及公布参考价。 不得输入、取消及更改买卖盘。 系统自动带入符合价格限制的买卖盘
	16:01—16:06	可输入、取消买卖盘。 港股通投资者仅可输入竞价限价盘。 输入价格为参考价的 ±5%
	16:06—16:08	可输入，但不得取消买卖盘。 港股通投资者仅可输入竞价限价盘，输入价格限制范围为于 16:06 所录得的最低沽盘价与最高买盘价之间
	16:08—16:10	随机收市，所有收市竞价交易时段证券将于同一时间收市

港股不同的交易时间段，有不同的下单交易限制。港股与 A 股交易时段的差别如表 3－2 所示。

表 3－2　A 股和 H 股交易时段与规则对比

A 股		H 股	
9:15—9:20	可以接受和撤销买卖盘申报	9:00—9:15	只可输入竞价盘和竞价限价盘，买卖盘可以修改或撤销
9:20—9:25	可以接受申报，但不可以撤销申报	9:15—9:20	只可输入竞价盘，买卖盘不可以修改或撤销
9:25—9:30	暂停	9:20—9:28	对盘时段，不可输入、更改或取消买卖盘
		9:28—9:30	暂停时段，直至早上交易时段开始

对几种竞价盘的解释

（1）竞价限价盘，有指定价格的买卖盘。指定价格等同最终参考平衡价格或较最终参考平衡价格更具竞争力的竞价限价盘（即指定价格等同或高于最终参考平衡价格的买盘，或指定价格等同或低于最终参考平衡价格的卖盘）或可按最终参考平衡价格进行对盘，视乎另一方是否有足够可配对的买卖盘。竞价限价盘会根据价格及时间先后次序按最终参考平衡价格顺序对盘。竞价限价盘不会以差于最终参考平衡价格的价格对盘。在开市前时段结束后，任何未完成而输入价不偏离按盘价九倍或以上的竞价限价盘，将自动转至持续交易时段，并一概视为限价盘存于所输入价格的轮候队伍中。

（2）竞价盘，没有指定价格的买卖盘，在输入自动对盘系统后按照最终参考平衡价格进行对盘。竞价盘享有较竞价现价盘优先的对盘次序及根据时间先后顺序按最终参考平衡价格顺序对盘。在开市前时段结束后，任何未完成的竞价盘会于持续交易时段开始前自动取消。

（3）增强限价盘和特别限价盘：最多可同时与十条轮候队伍进行配对（即最佳价格队伍至距离这个价位的第 10 条轮候队伍），只要成交的价格不差于输入价格。沽盘的输入价格不可低于最佳买入价 10 个价位（或以外），而买盘的输入价格不可高于最佳沽出价 10 个价位（或以外）。若为增强限价盘，剩余委托会转为限价盘。若为特别限价盘，剩余委托会被撤销。

（4）限价盘，成交价只能为输入价。

（5）收市竞价，被称为“U 盘”的收市竞价交易时段第一阶段于 2016 年 7 月 25 日重推，由此日起，每全日交易日下午 4:00—4:10 为收市竞价交易时段。在新机制下，港股交易时段的最后一分钟将抽取 5 个按盘价，并以中位数作为参考价，然后于收市竞价时段第 1 分钟公布，随后 5 分钟，输入落盘价，局限于参考价上下 5% 之内，其后 3 分钟落盘价范围将进一步缩小，并且只可输入，不可更改或取消，最后会按成功配对最多成交的买卖盘来定立收市价。

首阶段收市竞价交易时段涉及逾500只港股，包括恒生综合大型股及中型股指数成份股、大陆有相应A股的H股、所有交易所买卖基金（ETF），占大市成交比例逾60%，但不包括结构性产品及债务证券。

上交所在“港股通”交易日的交易时间中，也相应增加收市竞价交易时段，并明确收市竞价交易时段，“港股通”投资者所能采用的订单类型为竞价限价盘委托。此外，上交所同时还明确了收市竞价交易时段的当日额度控制机制，规定当日额度在收市竞价交易时段用尽的，停止接受当日后续的买入申报且当日不再恢复。

香港股市除9:15—9 :30不得修改和撤销买卖盘申报，12:30—1:00不可修改买卖盘申报外，**其他交易时间不仅能撤销未成交申报，还可以修改申报数量和价格**。

虽然香港股市允许修改订单，但是**港股通业务方案规定，基于额度控制原因，港股通投资者不得修改订单，必须采用先撤单再申报的方式修改订单，这是港股通交易机制的特殊安排，**与香港股市基本交易机制不同。沪港两市的委托/申报均为当日有效。

深港通的收市竞价的交易安排，与上交所的沪港通类似。关于具体的收市竞价规则，读者可进一步参阅香港交易所网站的文件，网址如下：http://www.hkex.com.hk/cas/tc/index.htm。

（6）冷静机制，在内地又被称为“熔断机制”，这是一种市场波动调节机制（市调机制），主要的目的是避免金融产品价格波动过度，给市场一定时间的冷静期，向投资者警示风险，并为有关方面采取相关的风险控制手段和措施赢得时间和机会。港交所原定于2016年11月14日于衍生产品市场推出，目前暂缓。

交易规则

报价显示

港股报价显示的颜色为上涨绿色、下跌红色，与沪股上涨红色、下跌绿色的报价显示颜色正好相反。但是，不同的行情软件商提供的行情走势颜色可以重新设定，港股通投资者在使用行情软件的时候，应当仔细检查软件的参数设置，避免惯性思维带来的风险。

T+0 回转交易制度：当天买入的股份当天可以卖出。

T+2 交收制度：股票和资金的交收时间为交易日之后的第 2 个工作日下午 3 点 45 分前。

交易方式

在现有交易系统下，投资者可选择电话交易、网上交易或亲自到经纪公司委托买卖。随着网络的进一步普及，目前多数投资者采用券商提供的网络交易软件进行交易，是目前最为方便快捷的方式。

报价变动幅度

A 股价格最小变动单位固定为 0.01 元人民币，而港股股票买卖报价的最小变动幅度，与股票当时所处的价格区间有关，1 个价格变动幅度可能是 1 分、1 角、2 角，等等，如表 3-3 所示。

表 3-3 证券价格对应的不同报价变动幅度 单位：港元

证券价格	最低上落价位
由 0.01 至 0.25	0.001
高于 0.25 至 0.50	0.005
高于 0.50 至 10.00	0.010
高于 10.10 至 20.00	0.020
高于 20.10 至 100.00	0.050
高于 100.10 至 200.00	0.100
高于 200.00 至 500.00	0.200
高于 500.00 至 1000.00	0.500
高于 1000.00 至 2000.00	1.000
高于 2000.00 至 5000.00	2.000
高于 5000.00 至 9995.00	5.000

例如，一只股票的价格为港币 80.00 元，那么其价格变动单位为 0.05 元，买卖盘申报也需要以 0.05 元为单位，如 80.05 元，而不能申报 80.06

元。不熟悉的投资者**随意价格下单可能成为废单**。

开市价的确定

在开市前时段，买卖盘以买卖盘类别、价格及时间等优先次序（竞价盘享有优先的对盘次序），按“最终参考平衡价”顺序对盘，“最终参考平衡价”即为开市价。若开市前时段未产生对盘价格的，以当日第一笔成交价格作为开市价。

买卖单位

每笔交易的数量必须为一个买卖单位或其倍数，一个买卖单位即一手，“手”是香港证券市场术语。不同于内地市场每买卖单位为100股，在香港 每1手可能是400股、500股、1000股和2000股等，每个公司的每手交易单位可能是不一样的，由上市公司自行规定，另外公司也可以申请修改每手最小交易单位。港股交易每个买卖盘最大为3000手，同时，最大股数限制是99999999股。

投资者如果想查阅每只证券的买卖单位，可以登录港交所网站，在“投资服务中心”栏目内，选择“公司/证券资料”，输入股份代号或上市公司名称查询，或者通过其他财经网站，如经济通等，查询个股资料。

委托/申报上限

内地A股市场股票单笔申报最大数量不超过100万股（1万手），而港股市场每个买卖盘上限为3000手（由于每家公司每手交易单位不一样，因而总股数不同）。

交易征费

港股的交易成本比A股高多了，主要费用清单如下。

（1）股票印花税0.1%：买卖双方。

（2）佣金一般0.2%～0.3%：招行香港最低每笔50港元，另外不少券商甚至银行是每笔最低100港元。但现在不少银行、券商都有优惠，主要看客户的资金量。佣金大多是可以商谈的，部分网络券商可能会有更多优惠。

（3）交易征费0.004%：买卖双方。

（4）交易费0.005%：买卖双方。

（5）交易系统使用费0.5港元：买卖双方。

（6）过户费用每宗2.5港元：买方支付。

（7）转手纸印花税每宗5港元：卖方支付。

交易所征费有时会调整，投资者可关注或查询港交所网站相关公告。

除此之外，经纪商代投资者收取现金股息或红利，代收、配股、公开认购、以股代息等股份，代理股份分拆合并等，都要收取一定的费用。总体上收费比较A股多不少，所以对于频繁的日内交易、数额较小的投资者而言，是不划算的。

其他

买卖盘揭示

香港与内地两市的买卖盘揭示都采取最优五档揭示方式，但是港市的实时行情内容更多，**包含经纪标识且采取连续发布（只要有变动即更新）方式**，而沪市没有经纪标识。

交易异常停牌

两市停牌机制存在差异。上交所对交易出现异常波动的股票等证券，可以决定停牌。对涉嫌违法违规交易的证券也可以实施特别停牌并予以公告。**香港的股票交易停牌主要由股票发行公司申请，交易所负责批准执行**。

指定交易

内地证券交易所实行指定交易业务，投资者必须事先指定本所市场某一交易参与人，作为其证券交易的唯一受托人，并自该交易参与人通过其特定的参与者交易业务单元参与证券交易。投资者可以变更受托人，但是不能同时指定两个受托人。目前，中登公司允许内地个人投资者开立多个账户，但沪市交易所仍保留了现行的指定交易制度，而深交所已经废除了指定交易制度。

港交所无类似制度，港市投资者可以指定两个及以上的港市交易参与人作为其受托人。也就是说你**可以同时在几家券商开户，分别用他们的系统交易，不受限制**。

撮合配对方式

内地股市实行类似的撮合配对方式，即价格优先、时间优先，但两者也存在细微区别。港股在集合竞价时段的对盘次序以买卖盘类别为优先（竞价盘比竞价限价盘享有优先的对盘次序）。

错误交易的处理

两市对错误交易的处理存在一定差异。上交所对于“因不可抗力、意外事件、交易系统被非法侵入等原因造成严重后果的交易”保留采取适当措施或认定无效的权力；对显失公平的交易，也保留采取适当措施的权力。而港市交易中的意外错误输入，需要经买卖双方协商达成撤销交易的共识并通报交易所，交易所予以考虑审批。这意味着港市错误交易的处理主要取决于买卖双方协商。

一些字母代号的含义

（Y）：同一经纪行/证券商进行的交易，价格与现价一样，必须是买一和卖一的位置（半自动对盘，可控制的）。

（X）：同一经纪行/证券商进行的交易，价格不一定是现价。非自动对盘，不用排队，每手的股数不确定（可以大于1手或小于1手）。

（D）：碎股。小于1手或更少（如配股）。自动对盘，价格与现价一样。

（P）：在前一日收市后或当天开盘之前的集合竞价阶段的交易。非自动对盘，是不同经纪行/证券商之间的私底交易，价格不一定是市价。

（U）：自动对盘。9:30至9:45挂牌，并在10:00之前交易成功。可以是不同经纪行/证券商之间。

（M）：非自动对盘，是不同经纪行/证券商之间的私底交易，价格不一定是市价。不能是碎股，不用排队。

实际上，不同的机构，尤其是券商软件与银行的交易界面差别是比较大的。如投资者通过银行来交易，其界面往往比较简单。普通投资者刚开始可以不用太在意这些较复杂的语言。

另外，如遇上 8 号及以上台风或超级暴雨，香港市场往往会根据情况临时发布公告，暂停部分交易时段甚至停止全天交易，具体休市和恢复交易安排，香港联交所会在其网站上予以公开披露。

港股的基本交易知识及规则主要就是以上这些，看起来似乎挺复杂，但对新进入的投资者而言，知道换汇的汇率、交易的佣金水平、交易所征费、买卖的股份数、竞价盘及开盘后的限价盘、增强限价盘等足矣。

第二节 交易术语

两地交易术语对比

香港证券市场的交易术语跟 A 股还是有不少区别的，主要源于语言表达习惯不同。虽然有不少术语从字面上就可以直接猜测出所表达的含义，但由于香港这个城市受多元文化的影响，同时日常语言又以英语和粤语为主，所以还是有不少独特又略带晦涩的方言和俚语。尤其是如果经常看港股评论员写的文章，里面涉及的诸如财爷、“老千股”、毫子股、仙股、换马、孖展、暗盘、红筹、挟仓、淡仓、即日鲜、沽空等，有时候会一头雾水，所以内地投资者进入港股市场，弄清楚这些术语所表达的含义还是很有必要的。总体而言，关于港股市场的术语与内地的对比如表 3 -4 所示。

表 3 -4 香港与内地股市交易术语对比

拼音	香港市场术语	内地市场术语	英语
A	按盘价	名义价格	nominal price
	暗盘买卖	灰市交易	grey market price
	按金	押金、保证金	deposit

续表

拼音	香港市场术语	内地市场术语	英语
B	被挟仓、被逼仓	被迫仓	squeezed
	补仓、追收孖展	追加保证金通知	margin call
C	除牌	摘牌	delisting
	除净日	除权日	ex -date
	长仓、好仓	多头仓位	long position
	长揸	长期持有	hold for long term
D	董事袍金	董事费、董事报酬	directors' fee
	对盘	报价撮合、对盘	order matching
	点子	基点	basis point
	大额持仓申报制度	大户报告制度	large position reporting system
	大闸蟹、被缚	套牢、多头套牢、空头套牢	tied up
	短仓、淡仓	空头、短仓	short position
F	覆盘	确认指令、执行委托回报	order confirmation
G	沽空对冲	卖出保值	selling hedge
H	核数师	审计师	auditor
	互惠基金	共同基金	mutual fund
	好淡争持	多空争夺	trading at narrow ranges
	好友、看好股市者	多方	optimist
	红背心	红马甲	trader's vest
	毫子股	香港专有用语，指股价低于港币 1 元，但高于港币 1 角的股票	low priced stock
	红底股	香港专有用语，指股价超过港币 100 元的股票	stock trading at ＄100 or above
J	经纪行	券商、证券商	brokerage firm
	挟好仓	多杀多、轧多、轧多头	long squeeze
	挟淡仓	空杀空、轧空	short squeeze
	即日鲜	当天交易、即日平仓买卖	day trade transaction
	价外	较现价不利	out -of -the -money
	价内	较现价有利	in -the -money
K	空仓	空仓、空头	short position

续表

拼音	香港市场术语	内地市场术语	英语
L	裂口高开	跳空高开	open high at gap
	落后股	补涨股	laggard
	食价	抢帽子、倒卖、投机倒把	scalping
	落盘	下单	placing order
M	孖展户口	保证金账户	margin account
N	牛皮（市况状态）	成交冷淡，未来方向不明朗的走势	stagnant market
Q	权证、窝轮	权证	warrant
R	入场费	投资起点、认购起点	minimum subscription fee
S	碎股	零股	odd lot
	神仙股	香港专有用语，指涨跌幅很大的股票	
T	套戥	套利买卖	arbitrage
X	限价盘	限价委托	limit order
	细价股	小盘股	small cap stock
	仙股	香港专有用语，指股价低于港币 1 毫（10 分）的股票	penny stock
Y	预托证券	存托凭证	depositary receipt
	盈警	利润警告	profit warning
Z	斩仓	被迫抛售	forced liquidation
	止蚀盘	止损委托	stop order，stop -loss order
	中介人	金融中介机构	intermediary
	做好、做淡	做多、做空	long，short
	重磅股、重量级股票	重仓股、权重股	heavyweight stock

资料来源：深交所港股通专栏资料。

表 3 -4 中，有些术语跟 A 股对比后就很好理解，如经济行，一般指的就是券商，但要注意香港银行业也是可以持有证券经纪牌照的，所以经济行的定义除通常的券商外，也包含持牌的银行系机构，如中银国际、招商银行香港等。

民间俚语与交易术语

下面介绍一些比较生僻的俚语术语，主要分为民间俚语与交易术语。

财爷　在香港，历届香港财政司司长都会被香港民众冠以财爷之称。财爷顾名思义就是具有财政大权，管理财政资金的政治人物。

大闸蟹/蟹货　相信绝大多数人都见过被捆绑得严严实实、丝毫动弹不得的大闸蟹。而类似的，在股票市场上，某些投资者买入股票被套后，不愿意止损，甚至在股票持续下跌后继续追加资金买入，想以此降低持仓成本，然后期望股价反弹解套。但很多时候事与愿违，股价继续下跌，久而久之，这些投资者手头上的股票就被深度套牢。这些被套牢的投资者就形象地被称为“大闸蟹”，而那些套牢的股票就叫“蟹货”。

换马　这个词来源于香港的马会，指投资者出售所持有股票，趁机将资金投资在另一心仪的目标股票上，即调仓换股。

即日鲜　这个跟香港实行的 T+0 交易制度有关，如果看英文表达（Day Trading）则更容易理解，即日内回转交易。更直白地说就是当日买入的股票可以当日卖出，而次数与数量都没有限制。这种可以即日来回买卖的短线交易方式在香港很受欢迎，因此被称作“即日鲜”，而交易的标的不仅仅是股票，还包括期货、牛熊证、外汇等金融产品。要注意的是，香港券商的证券交易手续费相对较高，手续费对炒“即日鲜”来说是一个非常大的成本，资金量较大的投资者如果经常采取日内交易的话，光交易费就是一笔不小的额外支出，应该慎重。

老千股　这个词源于赌业。20 世纪 90 年代香港关于赌博题材的电影风靡一时，赌片中不可或缺的一个表演就是千术，就是为了达到某种目的，而采取的各种弄虚作假的方式的总称。引申到股票市场，老千股就是指那些通过各种出千手段来骗取普通投资者钱财的一类上市公司。大多数“老千”公司的业务为证券、房产投资及其他股权投资，经纪、融资等，另有小部分有明确的主营业务，如农业、高科技等让投资者看不明白的业务。

“老千”公司在香港可谓臭名昭著，投资者要极力避免投资“老千股”。

“手”及“球” 均是买卖股数的单位术语。“手”即每次买卖的最低股数，而各股票的每手单位并非一致；“球”即一百万股。香港的股票最小交易量没有统一的规定，从最小的100股到几万股都有，而上市公司也可以申请更改每手的最小交易单位。和内地统一规定每手固定的100股不一样，因此投资者在交易相关股票时，下单前要注意所投资公司的每手交易单位，以整倍数下单，否则就会形成废单。

孖展（拼音：mā zhǎn） 香港市场特有词汇，就是“保证金”的意思。简单说就是借钱投资，在香港市场上，银行和证券公司一般向投资者提供融资服务，投资者除了现金账户（不能借钱）外，还可以开通保证金交易账户，也就是“孖展账户”，在进行股票买卖时，可利用所在机构提供的融资额进行杠杆投资。孖展账户就是内地的信用账户，跟现在内地开展的“融资融券”是一个意思。

要注意的是，开设孖展账户，借钱投资不但要承担不菲的利息支出，同时更要注意因投资标的价格下跌而引起的潜在账户平仓（被强制卖出还债）风险，孖展放大了个人的投资风险。

高水 又称升水（同理，低水又称贴水）。通常是指期货价格高于现货价格。以恒指期货为例，如果期指高于恒指（即恒生指数），便称为期指高水。如果期指出现高水，表示投资者对后市有信心。反之，如果出现低水，即表示后市走势不看好。内地一般习惯用升水或贴水来形容现货与期货之间的差异。

插水 我们在看跳水比赛的时候，经常会看到运动员从跳板或跳台上腾空而起，飞身跃下，做出优美的空中动作，然后笔直插入水中的画面。幽默风趣的香港人也把它用在了股票市场上，利用插水来描述某些股票突然大幅下跌，跳水的情形。一般股票或指数插水200点，即表示价格急跌200点。

毫子股 毫，顾名思义就是很小的意思，在香港特指那些股价低于港币1元，但高于港币1角（毫）的股票。如果股价低于1毫（10港仙），则称为“仙股”（1 仙即港币 1 分钱），有时也戏称为“仙姑”。据统计，香港有毫子股约五六百只，仙股约 20 多只，共占据整个香港上市股票数量的 1/3 左右。至于为什么有这么多毫子股、仙股，这跟香港市场的“老千股”盛行有很大关系。香港市场可以拆股、合股、配股、供股、送股，只要上市公司愿意，这些毫子股很容易被 10 股合 1 股甚至 100 股合 1 股。因此，**在港股低价不代表就是便宜**（毫子股、仙股的问题参见后面关于“老千”公司的分析）。

暗盘　暗，字面上理解，就是不能摆上台面的，隐蔽的东西；按官方解释，暗盘是一种为买卖双方匿名配对大宗股票交易的平台，不会展示买卖盘价及报价人士的身份，也不会向公众披露已执行交易的详情。

暗盘买卖常见于新股上市开盘前，在暗盘买卖中，以暗盘价出售股份者，主要是相信新股上市后，股价会低于暗盘交易价，故趁高沽货，赚取差额利润。相反，买入者却看好新股走势表现，预计股价将高于暗盘价，故肯以较高价求货。因为这些买卖是“不见光”的私下进行，所以被称之为暗盘。通常，根据暗盘的价格可以大致预测上市首日的开盘涨跌幅。如果暗盘成交价格普遍低于发行价，说明该新股不被看好，上市后很可能会跌破发行价；相反，如果高于发行价且成交量大，说明后市看好。当然，这也不是绝对的，主要是因为买卖盘透明度不高，容易受操控，所以暗盘买卖亦会招惹若干风险。

目前暗盘交易时间是在上市前一日的下午 5 点至 6 点之间。能看到暗盘交易情况的网站有耀才证券网和辉立证券网等。

以上这些是属于经常能够听到、用到的股市俚语、俗语的解释，对大多数内地投资者来说基本足够用了。

第三节　汇率释疑

在实际交易中，投资者对港股通的汇率多有疑问，尤其是遇到刚买入账面就发生约 5% ~6% 的亏损状况，而如果没有卖出，这样的账面亏损会一直存在；另外，对软件里面的各种结算汇率也是一头雾水。下面笔者就结合自己的投资实践，介绍一下港股通的汇率问题。

首先需要了解两方面知识，即港股的股票交易交割制度及港股通采用的交易汇率的来源与变化。

港股的股票交易与交割

港股（包括港股通）允许股票实行“回转交易”，即“T+0”，简单说就是投资者当日买入的股票当日可以卖出，且不限买卖次数，单只股票可以循环交易。而香港股票的交割实行“T+2”交割制度。股票交割是指卖方向买方支付股票，买方向卖方支付价款的过程。也就是说当你今天下达卖出指令并成交后，必须2个交易日后才能进行交收，届时你的股票划至买入方的账户上，而买入方的资金也才真正划至你的账户上，即卖出股票后的资金T+0可用但不可取。在这一制度下，港股投资者的股票账户持股数量和可交易数量就可能发生不一致的情况，可取用资金和可交易资金也可能发生不一致的情况。

港股通的交易汇率

不少通过券商软件的港股通通道交易买入港股的投资者，一开始都会发现按某个价格买入后账面立马形成了约3%的亏损，以为是高昂的费用所致，实则不然，这个主要是交易汇率影响的缘故。多数券商的港股通的佣金相对直接买港股还是要优惠得多，那个3%的账面亏损实则是不存在的。要解释这个现象，我们首先要了解几个概念：参考汇率、结算汇率及人行汇率。

人行汇率

我们现在可以很方便地通过网络查询人民币相对港币的实时汇率变动，这个汇率是人民银行公布的汇率，供银行汇兑结算参考。

参考汇率

港股通的参考汇率是指在港股通交易日每日开市前，由换汇银行提供，通过深交所网站向市场公布的汇率。参考汇率包括港币买入参考价、港币卖出参考价两项。

深交所和境内证券公司利用该参考汇率对投资者的资金进行前端监控。即投资者买入港股时，证券公司利用港币卖出参考价计算投资者需要冻结的人民币资金；投资者卖出港股时，证券公司利用港币买入参考价计算投资者可用的人民币资金。

这个汇率就是投资者买卖时的一个**临时参考结算汇率**。

结算汇率

结算汇兑比率是指投资者进行港股通交易的实际结算汇率。具体指当日收盘后，中国结算根据全市场港股通成交的清算净额（单边、净应付或净应收），在香港与换汇银行换汇后，将换汇成本均摊至当日所有买入成交和卖出成交而计算得出的汇率。

结算汇兑比率包括买入结算汇兑比率和卖出结算汇兑比率两项。其中，卖出结算汇兑比率适用于港股买入交易，买入结算汇兑比率适用于港股卖出交易。

投资者应该明白，**港股通的交易汇率与人民银行每天公布的汇率中间价是不一致的**。港股通汇率的制定是中国证券登记结算有限公司按“净额换汇、全额分摊”的原则，即交易日（以下简称“T 日”）日终，由上述公司以当日境内投资者通过港股通买卖港股全部应收应付资金的轧差金额向港股通结算银行换汇，并将换汇成本按当日所有买入卖出交易应收应付资金的总额分摊至每笔交易，形成投资者的买入结算汇兑比率和卖出结算汇兑比率。

该换汇方式降低了市场整体换汇成本，并减小了对离岸人民币市场汇率的影响；统一换汇，投资者可获得适用于机构的优惠汇率。因此，**一般情况下，该汇率与投资者自行换汇相比具有较大优势**。

上交所的港股通专栏每天会公布港股通盘中买卖的参考汇率，及前个交易日的结算汇兑汇率。

由于股票的交易存在交易日、交割日这样的时间差，同时存在参考汇率、结算汇兑比率、汇率变动区间等这些因素，所以投资者需要明白以下几点。

（1）盘中交易时的参考汇率是按上交所提示的汇率。

（2）日终结算时各券商会有一个保证金比例，所以与盘中交易时汇率略有不同。

（3）真正的结算汇率是 T+2 日时的汇率，也就是上交所 T+1 日时显示的汇率；T+2 日，结算公司根据前述确定的换汇汇率，与港股通结算银行完成 T 日换汇交易的资金交割。

由于平时的汇率变动不明显，因此无须过分关注，一旦碰到特殊情况，如汇率单日大幅波动，则股票的买卖会产生较大的汇率差异。

案例分析

下面以笔者实际交易中的例子进行说明。

2015 年 8 月 13 日，上交所港股通专栏显示：

汇率	信息
适用日期	2015-08-13
参考汇率买入价	0.81850
参考汇率卖出价	0.86910
货币种类	HKD

买入与卖出的汇率价差在 6% 左右。

这时个人盘中通过券商交易软件卖出 1000 股招商银行 H 股，价格 21.05，如下图所示。

参考汇率 0.8185 与上交所公布的买入价一致（因为是卖出港币要换人民币，所以对于汇率是买入行为）。

委托日期	证券代码	证券名称	委托价格(港	委托数量	委托金额(	成交价格(	成交数量	成交金额(	参考汇率
2015-08-13	03968	招商银行	21.0500	1000	17229.43	21.0500	1000	17229.43	1HKD=0.818500￥

但是，8 月 13 日，港币兑人民币的中间价应该是 0.8255。次日，即 T +1 日，上交所港股通专栏显示 13 日的结算汇率如下图所示。

结算汇兑比率

汇率	信息
适用日期	2015-08-13
买入结算汇兑比率	0.84553
卖出结算汇兑比率	0.84207
货币种类	HKD

过了 2 个交易日即 T +2 日，股票交割，这时再查找券商的交易软件，显示的最终结算汇率如下图所示。

发生日期	成交时间	业务名称	证券代码	证券名称	成交价格(	成交数量	成交金额(	结算汇率
2015-08-17	**21:30:26**	证券卖出清算	03968	招商银行	21.0500	1000	17798.41	1HKD=0.845530￥

注意成交时间，显示是晚上 9 点半，也就是交割清算时间。

由于卖出时，券商采用的是参考汇率的下限（比市场汇率中间价还低），而买入时用的是参考汇率的上限（比市场汇率中间价高不少），这就让投资者感觉买入卖出的那一刻都吃亏不少（账面收入减少与亏损），很不爽。

但投资者实际是没有汇率损失的（要承受汇率波动），**日间参考汇率仅供买卖资金冻结和风控使用，不影响最终盈亏的计算**。客户买入港股通标的后，要等到日终清算后才能准确知道其真正盈亏。每笔交易的结算汇率次日可在上交所查询，而最终清算等到 2 日收盘后晚 9 点半查询软件即可。

港股通交易汇率复杂的原因

针对这种复杂的情况，上交所回复称，由于港股通交易为港币报价、人民币结算，而境内券商对投资者实施前端控制，投资者交易前须事先全额缴纳相关资金，故港股通业务中需事先设定参考汇率，主要用于券商交易前端预冻结资金，而非用于实际结算。为避免当日汇率波动给市场带来的结算风险，其取值范围覆盖了历史上的最大单日波动范围，目前其取值为 T－1 日末离岸市场港币对人民币即时中间价的 ±3% 。

根据上交所的解释，实际的结算汇兑比率是根据日终净额实际换汇汇率并按买卖全额分摊原则确定的，结算汇兑比率一般都会优于前述参考汇率。即日终清算后，投资者的港股买入交易，按卖出结算汇兑比率所计算出的、实际需要支付的人民币，一般将少于证券公司日间按卖出参考价所计算出的金额。

反之，日终清算后，投资者的港股卖出交易，按买入结算汇兑比率所计算出的、实际可以得到的人民币，一般将多于证券公司日间按买入参考价所计算出的金额。

另外，出于风险管理的需要，可能有证券公司会在参考报价的基础上再加减一定比例来控制客户资金。投资者应事先咨询指定交易证券公司了解详情。

上交所还提示投资者注意，极端情况下离岸人民币市场发生大幅度波动时，有可能出现结算汇兑比率劣于参考汇率的结果。因此，投资者需及时关注离岸人民币市场并查看资金账户余额，防止资金账户出现透支。

2014 年 11 月 17 日，香港交易所总裁李小加在港交所新闻发布会上表示：“结算实际以中国结算的结算汇率为准，券商提供的汇率价差比较宽，结算汇率的价差会缩小很多，**交易所和结算公司不会在汇率上赚钱**。”

第四节　公司行为

投资者参与香港资本市场，会碰到比较多的公司行为，与投资息息相关，因此投资者必须对资本市场上市公司的公司行为有足够的了解。

公司行为是香港证券市场对包括派发现金红利、股票红利、投票、参与新股发行认购、供股、公开配售、公司收购、分拆合并等涉及上市公司及其股票相关业务的统一用语。

买了公司的股票，就成为公司的股东了。对于计划长期持有相关公司股票的投资者而言，这些公司行为大多数时候都会跟投资收益紧密相关，因此必须知道如何参与这些公司行为，避免不必要的损失，甚至通过投票来主张自己的权利。

上市公司供股行为

内地 A 股市场上市公司的集资手段，除了 IPO 外，主要是通过定向增发这个手段，很少向全体股东再次集资。而港股的集资或曰圈钱的方式，则丰富得多，供股是比较常用的一种。

港股的供股，是指联交所上市公司向现有股票持有人做出供股要约，使其可以按持有股票的比例及事先确定好的价格认购该公司股票，同时，这个认购新股份的权利凭证可以通过二级市场进行转让（如果股票持有者不打算认购公司新股的话）。

另外，投资者除按比例认购配发新股外，还可申请超额认购，超额认购部分可获配数量取决于中签率（超额认购的原因在于某些投资者可能没有参与供股，有的是资金不足，有的可能压根就没有关注这类公司行为，因此在没有百分百参与供股的情况下，会有一部分“多余”股票供愿意参与超额供股的投资者认购）。

例如，某上市公司 A 的供股详情为每持有 10 股公司现有股票可认购 1.3 股新股票，每股认购价为港币 10.0 元。某投资者在股权登记日持有 3000 股该公司 A 的股票，将可获配 390 股供股权（计算方法：$3000/10 \times 1.3 = 390$ 股供股权）。在获得供股权以后，该投资者可选择是否行使供股权：⑴选择行使供股权，投资者可以每股港币 10.0 元的价格获配 390 股公司 A 股份，支付代价为 3900 港元现金；⑵在交易期间内通过股票二级交易市场出售供股权（供股权有相关交易代码，可以在上市公司公告中查询)；(3)不采取任何行动，则过了供股期限后，供股权自动失效。

通过港股通交易方式参与供股的投资者，可以通过下载所在券商的专业版软件操作，一般无法在手机操作。专业版软件的操作程序如下：港股通—公司行为—选择列表上面的公司行为。一般在交易界面填入相关的交易代码，即可出现相应的信息提示。

若是直接开通港股交易的投资者，一般所在券商会通过邮件提示相关的操作，按邮件提示内容操作即可。一般是回复并提供相关确认信息，并在账户上留有足够的可供股的港币资金，到供股日券商会自动扣款，一段时间后股份自动到账（时间可以参考上市公司公告内容）。

公开配售与配售行为

公开配售行为是指香港联交所上市公司向现有证券持有人做出要约，使其可认购公司计划新发行证券。公开配售处理与供股类似，区别在于公开配售权益不可通过二级市场进行转让，只能行权申报。若投资者在规定期限内没有申报，则视为放弃配售。由于新发行股份会摊薄收益并促成股票价格下降，因此没有申报也没有抛售股份的投资者一般都会造成账面损失。

例如，某港股公司 B 发布公告计划公开配售股份集资，公开配售详情为每持有 2 股现有股份获发 1 股发售股份，每股认购价为 0. 5 港元。某投资者在股权登记日持有 3000 股公司 B 发行的股票，则该投资者可以以每股 0. 5 元的价格获配 1500 股新股（计算方法：$3000/2\times1=1500$ 股），需要付出现金代价 750 港元。

而“配售”与内地的“定向增发”较为相似，都是向指定的有意愿的少数机构或投资人定向发行股份；不同的是内地的定向增发价格是有规定的，一般是发行价格不低于定价基准日前二十个交易日公司股票均价的 90%。而港股的配售有时则极为“坑爹”，不良公司有时会出现大幅折价，以远低于市价的价格配售。一般出现过类似行为的都可当“老千公司”对待。

股份的分拆及合并

A 股市场几乎没有所谓的股份合并或拆细方案。而在香港市场，联交所允许上市公司通过股份的分拆或合并重组其已发行的股本，更改其证券的发行数量或面值。联交所可根据《上市规则》第 13.64 条规定，当上市公司股价低于 0.1 港元或接近9995港元时，要求上市公司进行股份的分拆或合并，但这不是强制性的。上市公司根据其需要进行股份的分拆或合并，经分拆或合并后的股价也不应低于 0.1 港元或接近9995港元。

股份分拆是增加上市公司的已发行股份数量，并按比例分拆现有股票为多份股票，令分拆后股票的市价因此按比例调低，增加股票流动性。股份合并与股份分拆过程正好相反，是减少上市公司的已发行股份数量，并按比例合并现有股票成为新股票，令合并后股份的市价因此按比例提高。

大多数正常的公司很少做类似股份分拆合并的事，除非股价高得离谱，一般也是分拆而很少合并，少量的例子有 2006 年宏利金融和 2014 年第一高价股、“股王” 腾讯控股的股份分拆。

以股息权益选择认购股份

以股息权益选择认购股份是指在联交所上市公司派发含股利选择权红利时，投资者选择接受股票而非现金的行为。简单说就是“以股代息”，上市公司发行新股作为红利而非现金。这个比较常见，通常投资者是有选择权的，以股代息或收取现金红利自行决定。没有及时做出选择回馈给公司，一般默认为收取现金红利，除非上市公司完全用发新股代替现金红利。

参与新股发行认购

港股的新股认购方式通常有两种，一种是电子方式认购，另一种是表格申请。电子方式认购交易最为简便，推荐普通投资者使用。根据不同的券商类型，电子认购的方式有一定的区别。

通过银行系的网页交易版认购，如招商香港，登录交易界面后有一个新股认购页面，点开后按照近期新股发行的代码，填入认购的数量即可，页面显示如下图所示。

券商提供的网络交易软件，如富途，登录交易界面后，最底下有新股认购，点开新股交易后按提示操作即可。

需要注意的是，发出认购申请后，无论是否中签，券商均会收取一定的认购手续费。

通过表格认购的方式稍复杂。在招股期间，新股认购申请表格连同招股章程，会在公司首次公开招股的公布所载的指定银行派发。投资前，须弄清楚申请表格及招股章程的派发地点及递交表格的截止日期。表格有三种类型。

白表申购：这是个人投资者最普遍采用的一种方式。到时投资者会收到以自己名义登记的实物股票证书。日后沽售时只需把股票证书交给经纪行或银行。

黄表申购：所认购新股与“白表”不同的是，它并不涉及实物股票证书的交收。如果将黄表连同以收款银行的代名人为抬头人的支票或银行本票，投入其中一家收款银行的收集箱，在成功获配发股份时，新股便会存进投资者在经纪行或银行开设的股票账户，或者投资者在中央结算及交收系统已开立的投资者账户内。

粉红表申购：部分首次公开招股或会用粉红色的表格。这种特别的表格只供个别公司员工递交新股认购申请之用，一般不适用于公众投资者。

另外，开通了孖展账户的投资者还可以进行孖展认购，即通过向所在经济行借钱的方式超额认购新股（杠杆认购）。不过相对于 A 股热得发烫的新股发行认购，中一签就稳赚不赔，港股的新股发行与认购情况与 A 股大相径庭，很多时候有破发的可能，因此孖展认购新股要小心谨慎。

要约收购、私有化

要约部分收购股份或干脆直接完全私有化要约的公司行为在港股市场发生的频率较高，尤其是近几年以来，由于某些公司的估值过低，而临近的 A 股市场，尤其是中小板与创业板，相对港股的小市值股而言，可以说估值一个在天一个在地。因此，对某些资产较厚或发展良好但却被持续低估的公司而言，有很大的私有化动力。

主要原因

归纳而言，大部分已经私有化或存在潜在私有化可能的公司的核心特征就是估值过低，并且持续长期被低估。而在低估的同时，可能还具有以下不同的内在因素，当然一些公司私有化可能是几个因素的叠加。

（1）公司处于发展阶段需要融资，但股票交投清淡，市盈率过低，而无法有效股权融资，如近期计划私有化的匹克体育（HK. 01968），按公司的披露，猜测其私有化是因为计划筹建产业集团，分享中国体育产业升级的巨大机会，但限制于低估而无法有效融资。

（2）考虑进行 PPP（Public - Private - Public，即上市、退市、再上

市），从低迷的市场退市，转回到估值较高的国内或者其他市场重新上市，市值可能会因此而增长，显著的例子是近期的万达商业（HK.03699）。

（3）公司的商业模式不能被理解，换到其他市场上市，如前期退市的阿里巴巴（HK.01688），在香港退市后，转而到美国上市，并且重新装入了一部分资产。由于阿里巴巴在中国网络市场的极高占有率，在美上市获得极大追捧。

（4）寻求管理的独立性，从公众公司转为私人公司，如 BRACELL（HK.01768），由于业务经过调整后只剩木浆这个主业，且本身现金流极好，已经完全没有上市的必要，故而私有化退市。

（5）公司被收购或母公司需要整合因而私有化退市，如新世界发展（HK.00017）私有化子公司新世界中国（HK.00917），因新世界发展认为公开的股本市场未能向新世界中国提供稳定资金来源，并相信私有化后，新世界中国可通过新世界发展雄厚的财务实力，为较大型物业发展项目提供资金。

（6）纯粹的套现行为，如 2009 年退市的电讯盈科（HK.00008）。

（7）因业务需要而吸收合并目标公司，目标公司退市，如 2015 年的央企改革，中国南车吸收合并中国北车形成新的中国中车（HK.01766）；长城科技股份（HK.00074），长城科技是中国电子信息产业集团（由国务院国资委控股）旗下的高科技企业，母公司中国电子认为，H 股利于中国电子及其附属公司简化结构、提高管理效率，因而私有化退市。

一般流程

香港市场较为常见的私有化方式有要约（offer）和协议安排（scheme of arrangement）两种，主要区别在于是否需要股东大会批准及所需条件、是否需要经过法律程序以及是否需要缴纳印花税等几个方面。

港股的私有化对中小股东保护比较严格，要求私有化不但要遵守香港证监会的《公司收购、合并及股份回购守则》，同时要遵守上市公司注册地的公司法。目前在香港挂牌的公司，注册地主要是中国香港、中国内地和开曼群岛。三地公司法本身对上市公司私有化有不同的规定。

港股私有化的一般流程：

（1）买方财团提交非约束性的私有化要约；

（2）上市公司组成独立董事委员会，独立董事委员会聘请独立财务顾问，评估私有化要约；

（3）上市公司向股东寄出综合文件，该文件包括私有化预期时间表等核心信息；

（4）召开股东大会进行投票，其中，买方团代表股票无投票权，独立股东才可以投票；

（5）召开法院会议，只有注册在开曼群岛和中国香港的上市公司才需要召开法院会议；

（6）股东大会和法院会议通过后，买方财团向独立股东提供私有化资金后退市。

港股的要约收购及完全的私有化过程中，会产生很多套利机会，投资者不妨重点关注。相关的套利方式见第十章“低风险要约套利策略”。

买卖碎股

少于一手，或者少于一个完整买卖单位的证券数量，香港市场称之为“碎股”（内地称“零股”）。碎股的产生一般有几种情况，如上市公司发放股息时以股代息，或者非整数比例配售股份，或者交易配对时只有部分成交，甚至部分投资者为了某种目的，如只是希望出席股东大会，而主动买入碎股。

联交所的交易系统不会为碎股进行自动对盘交易，但是系统内设有“碎股/特别买卖单位市场”供投资者进行碎股交易。联交所参与者可在交易系统的指定版页挂出碎股买卖盘，供参与者自行挂盘配对。

在香港持牌券商开设账户的投资者，一般通过电话直接向其券商委托碎股订单，券商可联络专门从事碎股买卖的券商要求报价，然后通知客户。客户若决定成交，所涉券商会做场外交易，然后把交易报告交易所。

同时，投资者亦可通过其券商，将碎股卖盘输入交易系统内，若专门从事碎股买卖的券商对该卖盘有兴趣，会直接联系所涉券商做场外交易。通过软件操作卖出碎股则较为简单，如招行香港一卡通的证券交易界面，可以直接在交易界面输入持有的碎股数量，则系统会提示，确认即可。

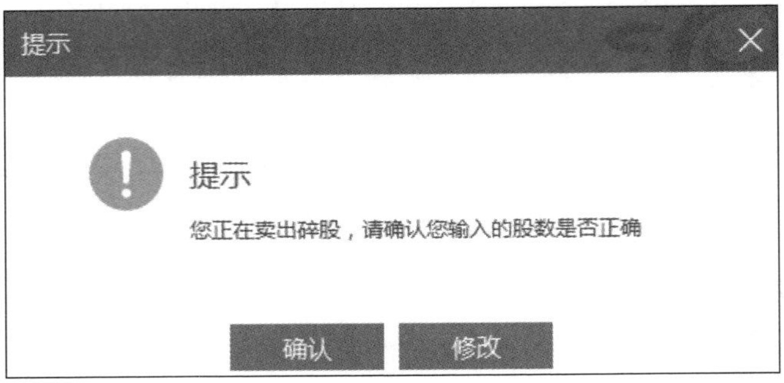

参与港股通业务的内地投资者，对于碎股，可通过委托内地券商，经由上交所系统，向香港交易所直接申报下单，但只能委托卖出，不能买入。卖出可通过交易软件的零股卖出功能进行，如下图。

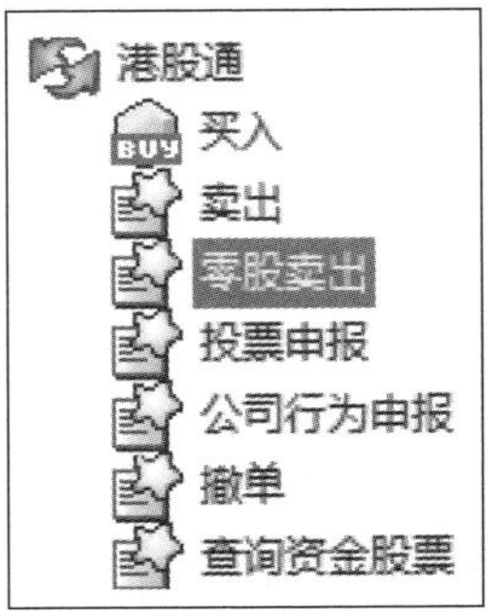

一般而言，“碎股/特别买卖单位市场”因流通量少，**股份价格会略低于完整买卖单位市场中同一股份的价格**。此外，价格低于0.01港元的证券，即使属于完整的一手，但是因为价格已低于完整买卖单位市场中的最低按盘价，也在“碎股/特别买卖单位市场”交易。

为提高市场透明度，联交所会同时发布碎股/特别买卖单位市场的实时资料给资讯供应商。

第五节　红利税释疑

内地市场的资本利得税是暂缓征收，而香港市场目前没有资本利得税，仅有股息要被扣一部分税，通常称为红利税。

红利税复杂的背景

红利税是一个比较复杂的事情，主要是因为香港的上市公司来源地五花八门，公司注册地不同，相关的税收政策也不同。一般来说，中国内地企业到香港主板或创业板上市主要有两种方式，第一种是直接上市方式，第二种是间接上市方式。其中间接方式包括境外买壳上市和境外造壳上市。由于买壳上市方式基本被禁止，因此间接上市主要以境外造壳上市为主。

中国企业在香港直接上市是指直接以境内企业名义向香港证券主管部门申请发行股票，并在香港证券交易所申请挂牌上市交易，这种方式就是我们通常所说的 H 股模式，如马钢股份、南车时代电气、青岛啤酒等。

中国企业在香港间接上市主要是先由境内投资人在境外设立特别目的实体，用以控股境内企业资产或股份，然后以境外的特别目的实体（SPV）在香港上市，这种方式就是我们通常所说的红筹模式，如中国移动、蒙牛乳业等。

另外，按投资者身份（开户账户）性质的不同，港股的红利税率也不同。因此很多投资者投资港股，会碰到一个困惑，就是上市公司的股息税到底收多少？怎么收？实践中，有的高达 20%，有的 10%，有的甚至分文不收。

投资者要搞清楚红利税到底会被征收多少，需要分两部分来理解，一部分是投资者的账户性质或者说投资者的身份问题，另一部分是上市公司的注册地及内地与香港特区政府方面的税收规定。

另外，中国国税总局关于内地投资者投资港股的纳税政策有如下规定：

（1）个人投资者投资港股取得的股票转让所得，3 年内暂免征收个人所得税；取得的港股股息红利所得，征收 20% 的个人所得税，若已在国外缴纳的预提税，可进行相应抵免。

（2）企业投资者投资港股取得的股票转让所得，应计入企业收入总额，征收企业所得税；取得的股息红利所得，计入企业收入总额，征收企业所得税，可抵免境外已纳税额，但对于企业持有 H 股满 12 个月的，免征企业所得税。

基于上述复杂的情况和规则，笔者下面将分情况列举红利税的征收。

具体征收办法

内地个人投资者，通过港股通账户投资港股

国税总局规定："对内地个人投资者通过沪港通投资香港联交所上市 H 股取得的股息红利，H 股公司应向中国证券登记结算有限责任公司提出申请，由中国结算向 H 股公司提供内地个人投资者名册，H 股公司按照 20% 的税率代扣个人所得税。"

根据上述规定，可以明确内地个人投资者通过港股通交易港股，对于收取到的上市公司派发的股息、红利，一律按 20% 的个人所得税征税，不管企业注册地在哪都一个标准。

内地企业投资者

企业从港股取得的投资收益，应将转让所得和分红所得一并计入企业收入中，缴纳企业所得税。当然，该笔所得应在境外纳税的，可在内地税款计算时做相应抵免。

内地个人投资者，通过港股直投账户投资

根据中国国家税务总局相关规定，在**香港发行股票的境内非外商投资企业**派发股息红利时，根据内地和香港的避免双重征税安排，个人股东一

般可按 10% 税率扣缴个人所得税。

例如，中国银行派发 2015 年股息，每股 0.175 元人民币，如果投资者通过港股通买入中行 H 股（HK.03988），则需要被扣除 0.175 ×20%，即 0.035 元人民币的红利税。如果是港股直接账户买入，则只需扣除 0.175 ×10%，即 0.0175 元人民币（需要按汇率转换为港币）的税收。（以上都不考虑相关券商的服务费）

另外，如果**在香港直接上市的中国企业是外商投资企业**，由于根据《财政部、国家税务总局关于个人所得税若干政策问题的通知》（财税字〔1994〕020）的规定，外籍个人从外商投资企业取得的股息、红利所得暂免征收个人所得税，因此，对于这些企业在向境外非居民个人派发股息时，则不需要扣缴非居民个人的个人所得税。

例如，以 H 股在香港上市的株洲南车时代电气股份有限公司（HK.03898）在派发年度红利时就会发布相关公告，由于该公司在上市后已经获得中国工商行政及税务机关批准改为外商投资企业，故该公司根据财税字〔1994〕020 的规定，对持有该公司 H 股或名列该公司 H 股股东名册的个人股东派发股息时，将不会扣缴 H 股个人股东的中国个人所得税。

而对于红筹模式上市的内地企业，投资者个人直接持有的不是境内企业发行的股份，而是境外壳公司在香港证券交易所发行的股份。虽然这些壳公司派发的股息实际是来源于其控股的境内企业，但是，股息的派发主体是境外壳公司。根据《中华人民共和国个人所得税法实施条例》的规定，从中国境内的公司、企业以及其他经济组织或个人取得的利息、股息、红利所得属于来源于境内的所得。因此，投资者从境外壳公司取得的股息所得，实质性属于来源于中国境内的所得。境外上市实体在向投资者派发股息时，在现有的政策规定下，一般需要扣缴 10% 所得税。

香港本地投资者

一般而言，如果你是香港本地投资者，投资香港本土的上市公司，是没有红利税的。但在收取**内地企业派发的股息**时，按 10% 税率扣缴个人所得税，但无须办理申请事宜，上市公司自动代为扣缴。

同时，对于香港本土投资者，投资在香港上市的中国内地企业是外商投资企业的，企业派发的股息红利也是免税的。

其他国家居民

如果从内地在港上市企业取得股息红利的个人为其他国家居民，并且所在国与中国税收机关协定的股息税率不是10%的，则根据相关协定税率征税。

第六节　市场交易品种

香港证券市场是一个具有全球化特色的证券市场。就其交易品种来说，包括股票、债券、交易所买卖基金（ETF）、各种权证和衍生品（包括股指期货、股指期权、股票期权等）等各个类别，还有内地市场目前尚未引进的股票挂钩票据以及单位信托/互惠基金等。

另外，香港市场的沽空（做空）机制也很完善。机构投资者和个人投资者都能够找到相匹配的投资工具。以近期A股市场比较惹眼的权证为例，港股的权证品种相比A股丰富得多，不仅有公司发行的认股证，还有券商发行的各类认股证、备兑认股证以及一篮子备兑证（包含一篮子标的证券）等，甚至还有牛熊证等。

股票

香港股票市场分为主板和创业板两个层次。其中主板居于主导地位，主板中金融行业的市值占比高达28%，为市值占比最高的行业；消费类公司数量约36%，为数量最多的行业；油气服务、金融业特色公司（如交易所、资产管理公司等）、可选消费（如电影与娱乐、专卖店、博彩、餐饮等）、电信和科技（电信公司、互联网与软件）等行业也占比较大。

香港上市公司的来源主要分三类：香港本地公司、中资股和外资股（中国澳门、中国台湾及世界其他国家和地区的企业）。

从汇丰控股（HK.00005）、渣打银行（HK.02888）到中国移动（HK.00941）、中国石油（HK.00857），香港市场早已不乏全球性行业巨头的身影。就内地公司而言，从石油“三巨头”到电信“四大家”，再到大大小小的房地产公司，也是一应俱全。

港股与A股不同的一大特色便是可对指定证券进行卖空。卖空是指投资者预测股票价格将会下跌，于是向经纪人交付抵押金，并借入股票抢先卖出。待股价下跌到某一价位时再买进股票，然后归还借入的股票，并从中获取差额收益。而A股目前仅有少数股票可以进行融券交易，且有诸多限制，并且融券较为困难。

权证

港股权证分为股本权证（公司认股证）和衍生权证（备兑权证）。一般而言，股本权证没有杠杆比率，而衍生权证有4~8倍左右的杠杆比率。股本权证的发行人是上市公司，标的证券则是对应的公司股票；而备兑权证的标的证券不仅可以是个股，也可以是股价指数等。目前A股市场尚未推出备兑权证。

牛熊证

牛熊证是港交所2006年6月12日引入的投资品种。具体来说，牛熊证是牛证（看好后市）和熊证（看淡后市）的合称，是一种反映相关资产表现的结构性产品。被视为权证衍生品的牛熊证，也是一种具有杠杆作用的投资产品，投资者只需投入相对少量的资金便可追踪相关资产价格的表现。投资者可以持有牛熊证至到期日，也可以在到期日之前沽出。

牛熊证与权证最大的不同，就是它有强制赎回机制。以与股份挂钩的牛熊证为例，若牛熊证在最后交易日完结前的任何交易日内，其相关资产的现货价触及或超越牛熊证的赎回价，发行商必须实时收回牛熊证。简单来说，强制赎回机制会在正股价等于赎回价、高于牛证的赎回价或低于熊证的赎回价时执行。关于权证和牛熊证，投资者可以在联交所网站查询，此外，各主要交易券商网站，如辉立证券，也有相关信息，主要财经网站，如经济通也可以查询。

交易所买卖基金（ETF）

截至2016年9月，在香港交易所上市的各类ETF已经多达138只。

据国际证券交易所联会刊发的统计数字显示，香港是亚太区（不包括日本）最大的ETF市场，平均每日成交超过5亿港元。近年，ETF在香港乃至主要海外市场均有增长，借道香港ETF投资全球股市甚至商品市场已经成为现实。

例如，其中追踪海外市场的ETF包括领先环球ETF（HK. 02812）、领先亚太区ETF（HK. 02815）、领先印度ETF（HK. 02810）、领先韩国ETF（HK. 02813）、领先纳指ETF（HK. 02826）、领先俄罗斯ETF（HK. 02831）。以香港股份为相关标的资产的ETF则包括盈富基金（HK. 02800）、安硕中国（HK. 02801）、恒生H股ETF（HK. 02828）、恒生指数ETF（HK. 02833）以及恒生新华富时25（HK. 02838）。另外还有追踪内地A股的A50中国基金（HK. 02823）以及标智沪深300（HK. 02827）。

除了股市外，较保守的投资者可选择债券类ETF。目前在香港联交所挂牌的债券ETF有ABF港债指数（HK. 02819）和沛富基金（HK. 02821），后者主要投资亚洲债券。对于风险偏好者来说，还可以通过领先商品ETF（HK. 02809）分享商品牛市。

单位信托/互惠基金

单位信托/互惠基金是指向投资者发行基金单位，将资金集合在一起投资在不同类型证券的投资组合。目前，香港市场上此类产品主要包括房地产信托基金（REITs）和互惠基金。据统计，目前香港市场上共有七只

REITs，包括最早上市的领汇基金（HK.00823）、李嘉诚旗下的泓富产业信托（HK.00808）等。至于互惠基金，此前由汇丰投资管理（香港）有限公司发行的中国翔龙基金（HK.00820）就是个很好的例子，该基金也是首只跨A、H市场选股的互惠基金。

股票挂钩票据（ELN）

购入股票挂钩票据时，投资者已等同间接沽出正股的期权。若正股价格变动正如投资者所料，他便可赚取主要来自沽出期权所得期权金的预定回报。如变动与投资者的看法背道而驰，则可能要蚀掉部分甚至全部本金，或只收到价值少于投资额的正股。在港交所上市买卖的股票挂钩票据分看涨、看跌及勒束式三种，投资者可按自己对正股价格走势的看法而选择。

港股通交易品种则存在比较大的局限性。目前，根据上交所规定，纳入港股通股票范围的为恒生综合大型股指数、恒生综合中型股指数成份股以及不在前述指数成份股内但有股票同时在上交所和联交所上市的发行人的H股，其中前述指数成份股内发行人同时在上交所以外的内地证券交易所上市的H股除外。此外，如果是在港交所以人民币报价交易的股票，也不在港股通股票范围内。随着上述指数成份股的调整，或者公司上市情形的变化，港股通的投资标的将会根据实际情况予以调整。

相比沪港通，深港通可投资港股的范围有所增加，除了同样的恒生大、中型指数成份股及深市A+H股外，还可投资恒生综合小型股指数成份股中定期调整，按考察截至目前12个月港股平均月末市值不低于50亿港元的公司。

也就是说，内地投资者通过港股通投资港股，只能参与指定范围内的港股现货交易，不能买卖香港市场的衍生品，也不能进行融资融券交易。

第七节　权利维护

投资者对于权利的维护，需要通过监管部门来实现。我们先来了解一下香港市场的几个监管机构。

香港市场的监管机构

香港证监会

香港证监会是香港证券及期货市场的法定监管机构，负责监督及监察香港交易所，监管所有香港上市公司遵守《证券及期货条例》的情况，并对违法的上市公司行使法定调查及执法权力，以保障投资者利益及维护市场运作。

证监会也负责监管涉及金融中介人士，包括交易所参与者的操守和财务资源等事宜，以及交易所参与者与客户之间纠纷的调查工作及有关纪律事宜。香港证监会负责处理涉及上市公司的收购及合并、内幕交易、市场操控及其他由相关法例所规管的事项。香港证监会不受理以下事宜：担当法律顾问、调解私人民事纠纷、替投资者追讨金钱损失、评论服务素质及商业决定。

香港交易所

香港交易所是香港联合交易所有限公司（联交所）、香港期货交易所有限公司（期交所）、香港中央结算有限公司及香港场外结算有限公司的上市控股公司。香港交易所提供广泛的交易前及交易后投资服务和市场资讯服务。

香港联交所

联交所（全称“香港联合交易所”）是香港主板及创业板上市公司的前线监管机构，负责监管上市公司是否遵守《上市规则》的规定，并执行有关《上市规则》。

联交所根据职责，受理投资者有关上市公司违反《上市规则》等的投诉举报。联交所不能受理以下事宜：干预或评论上市公司的商业决策；赔偿投资者的投资损失；提供投资、法律或财务方面的建议；裁决商业纠纷；向外披露交易所在履行监管责任时而获取的保密资料等。

内地投资者的维权渠道

通过沪深港通投资

中国证监会实行投资者诉求处理“对外一站式、对内分工协作”的机制，投资者可以直接致电中国证监会“12386”热线电话（每周一至周五上午 9:00—11:30，下午 13:00—16:30）表达诉求。投资者在购买产品、接受服务或投资活动中，与证券期货市场经营主体及其从业人员发生争议的，可以提起投诉。此外，投资者还可通过中国证监会官方网站互动留言平台、通过中国证监会网站向“主席信箱”留言，或者发送电子邮件（gzly@ csrc. gov. cn）等方式直接提出诉求。

投资者也可拨打中国证监会派出机构投诉电话、深交所服务热线（400 - 808 - 9999）、中国证券登记结算有限公司相关投诉电话等提出诉求，还可拨打上市公司投诉电话（如有）直接提出诉求。投资者也可以向香港证监会提出投诉，香港证监会收到诉求后会转交中国证监会投资者保护局。

直接开立港股账户，换汇后投资

直接在香港本地开立账户，换汇后投资的投资者，在遇到问题后，可以通过三种途径主张权利。

一是通过香港证监会。

投诉方式：可填写网上投诉表格（www. sfc. hk），说明有何理由认为有人行为失当；可致函香港证监会位于中环长江集团中心 35 楼的办事处；可电邮至 complaint@ sfc. hk；传真至（852）2524 3718；也可致电（852）2231 1222 联络或约见香港证监会职员。

二是通过香港交易所。

投诉方式：邮寄地址为香港中环德辅道中 19 号环球大厦 17 楼企业传讯，电邮地址为 info@ hkex. com. hk，传真号码为（852） 2868 4084。查询者及投诉人也可于星期一至星期五，上午 9 时至中午 12 时及下午 1 时至 5 时（公众假期除外）致电公众投资者查询电话：（852） 2840 3895。由于可能出现大量查询，港交所如未能及时接听电话，查询者及投诉人可在留言信箱中提供联络资料（包括姓名及电话），港交所将会跟进。

三是通过联交所。

投诉方式：邮寄地址为香港中环港景街一号国际金融中心一期十一楼香港交易及结算所有限公司上市处理投诉事宜组，传真号码为（852）2295 3981。联交所一般不会处理口头或匿名的投诉。若投诉人因个别困难而不能做出书面投诉，请致电（852）2840 3950 与联交所联络。

第四章　投资信息来源与分析

很多投资者感觉港股的信息来源不如A股丰富，要找的公司的信息匮乏，分析不知从何处着手，但实际上这是一种错觉，主要是不熟悉的缘故。一般只要善于运用搜索引擎，基本上需要的各种信息都可以通过网络找到。如果投资者的英语水平好一些，则更容易，因为香港市场上不少上市公司是外籍公司（国外公司来港上市的企业），年报都是英文披露，而其网站也主要以英文出现。笔者以多年的投资经历，搜罗了一些关于投资方面的网站，通过这些网站基本可以获得投资所需要的信息，这些网站实际不限于港股，也涉及A股甚至全球市场。本章将列举一些，供投资者参考。

具体来说，投资的信息来源主要分两类，一类是上市公司按交易所的监管要求，在指定的媒体及网络披露相关信息，属于公开的权威的信息来源；另一类是辅助性的，由第三方的媒体、网络等提供，投资者可以浏览财经新闻、交流、讨论等。

第一节　指定信息披露

与内地市场一样，香港的上市公司和相关信息披露义务人也应依法履行信息披露义务。其中最主要的官方指定信息披露来源是香港联合交易所

“披露易”网站。

披露易网站主要包含公司上市时发行资料、上市后的各种信息公告及权益变动披露三部分内容，如下图所示。

上市公司公告	股权披露	发行人相关资料
▪ 最新公告 ▪ 简易搜寻 ▪ 进阶搜寻	▪ 披露权益 ▪ 中央结算系统持股纪录查询服务	▪ 有关长时间停牌公司之报告 ▪ 股份购回报告 ▪ 申请版本及聆讯后资料集

该网站提供多种搜索查询功能。投资者可以从网站内“上市公司公告”一栏选择“进阶搜寻”，在“现有上市证券”栏目内输入股票代码或股票简称（目前只能识别英语、繁体字），在“标题类别”中选择“公告及通告”及“财务资料”，就可查看该公司的董事会会议召开日期、业绩公告内容、股息分派详情等。

另外，获取上市公司信息，也可以通过上市公司官方网站等。投资者可以通过查阅香港联合交易所网站的“网上联系”栏目获得上市公司官网地址。官方网站的一个好处就是刊登与本公司主营业务、新闻报道等相关信息，敏锐的投资者甚至可以根据这些信息对公司的业务前景做出合理推断。

第二节　信息收集与分析

投资者除了从指定披露网站及上市公司网站获得公开信息外，也可以从第三方网站获取信息。第三方网站五花八门，信息也是包罗万象，因此要从这么多的信息来源中搜索出对投资者有用的并不是容易的事。为提升投资效率，根据笔者多年的投资经历，整理了以下相对比较有用且数据比较可靠的信息来源，供读者参考。

指数与成份股查询

国际股市指数 www. stockq. org，发布全球各主要金融市场相关指数。

全球经济数据网站（www. qqjjsj. com），发布全球各种重要的经济数据。深度数据网（data. tsci. com. cn），可查询各成份股情况，同时其他沽空、期货期权等都非常全面。

恒生指数网站（www. hsi. com. hk），编算及管理超过 400 多项指数，涵盖香港及内地市场。新浪财经（http：//finance. sina. com. cn/futuremarket/），提供信息披露与数据分析。

深交所深港通专栏频道（http：//www. szse. cn/main/szhk/），两地互联互通的成份股介绍及交易知识。

上交所沪港通专栏频道（http：//www. sse. com. cn/services/hkexsc/home/），两地互联互通的成份股介绍及交易知识。

香港市场相关数据

香港股票市场历史数据库（alphainvestments. hk），提供个股历史数据，如 PB、ROE 等查询。

webb－site. com，提供上市公司新闻、投资分析、股份购回查询、交易查询等，内容十分丰富。经济通（etnet. com. cn），提供全面的香港市场数据。财经智珠网（dbpower. com. hk），提供较全面的香港市场数据。分析之师（analystz. hk），提供股票沽空比例查询。香港交易所网站（sc. hkex. com. hk），信息丰富、全面。cn. investing. com/，提供全球金融市场的相关数据。

此外，东方财富网（eastmoney. com）、雪球（xueqiu. com）是内地投资者比较熟悉的财经类网站，提供投资相关的丰富信息，并可在线交流。

相关行业网站

中国报告大厅（chinabgao. com），提供各种行业分析。

煤炭网：http：//www. coal. com. cn/。

油价网：http：//youjia. chemcp. com/YuanYouJiaGe. asp。

石油化工产品网：http：//market. chemall. com. cn/。

啤酒网：http：//www. beersworld. com/。

中国新能源网：http：//www. newenergy. org. cn/。

消费行业：http：//www. winechina. com（中国葡萄酒）。

运输行业：http：//zhishu. sol. com. cn/。

航运指数：http：//www. chineseshipping. com. cn/yunjia/yunzhi. asp。

套利相关

集思录：http：//www. jisilu. cn/。

基金查询：http：//www. szse. cn/main/lefu/scsj/lfjjlb/。

A类基金折价、收益率：http：//www. 204001. info/showpage72. asp（不定期更新）。

天天基金网：http：//fund. eastmoney. com/，基金销售、数据查询网站。

对于全球市场，笔者认为Stockq. org非常有参考价值，对很多人而言，从这一个网站获取信息就足够了。这个网站是为内地投资者设计的，红色表示上涨，绿色表示下跌，完全符合大家的视觉习惯。

除了上述的网站，很重要的一个信息来源，就是上市公司自身的网站。有的公司网站主要栏目如公司新闻、行业信息等内容更新及时，如中集集团（HK. 02039）、中国联塑（HK. 02128）、威胜集团（HK. 03393）、香港中旅（HK. 00308）等，可以提供不错的信息。而网络上针对公司业务或管理层的新闻报道、人物专访等，有时也能从相关信息中对公司的业绩有一定的预判。

实际上，投资者只要善于利用搜索引擎，同时养成良好的信息收集整理的习惯，在投资与分析时就不会感到茫然无措。

第三节　阅读相关资料的注意事项

香港上市公司财报的特点

不少上市公司的定期财报都设计得很漂亮，艺术性很高，有的甚至每年都风格不同，让人赏心悦目。这些美丽的年报甚至不局限于时尚类、消费类、珠宝首饰类及运动服装类，甚至连一些制造业、房地产业、零售百货、电子等，都把年报装饰得多姿多彩。应该说上市公司把年报设计得漂亮，既体现了公司的风格，同时又可以作为免费广告，给大家留下深刻印象，实属一举多得的举动。

但是，除了花花绿绿的内容外，很多公司的年报披露实则大有华而不实之感。上市公司编制定期财务报告，尤其年度报告，最主要的作用是为利益相关者（包括现在和潜在的投资者、债权人以及其他财务报告的使用者）提供决策有用的财务会计信息。因此财务报告必须建立在真实可靠的基础之上，与上市公司的财务状况、经营成果和现金流量相吻合，与公认会计原则相符合。

相比内地市场监管机构对上市公司财报披露的详细要求，香港证券市场对公司财报的披露则要简洁得多，如仅仅公布主要股东的持股情况，并不公布前10大股东的持股比例，股东的持股变化也不反映。对于关联交易，内地会计准则为防止公司利用关联方交易操纵利润，对关联方之间出售资产等交易的会计处理进行了更为严格的规定，而香港会计准则似乎更为强调关联方及其交易的充分披露而已。

香港上市公司财报的弊病

除了年度报告披露信息不足，实际上港股公司的其他信息披露在透明度、及时性等方面相较A股市场还是有所不及的，主要体现在四个方面。

定期财报披露时效性不足

根据规定，港股主板公司只需公布半年报和年报，季报自愿披露。很多上市公司因此仅披露半年报及年报，不披露一季报及三季报。由于监管机构并没有强制规定披露季报，而季报实际上对投资者及时跟踪分析公司的经营状况是有较大辅助作用的，因此信息披露的及时性还有待加强。

披露的透明度有待提高

例如，关于大股东股权变化的强制性信息披露不足。如中国儿童护理（HK.01259）于2016年9月23日公布，大股东向独立第三方出售公司2.63亿股股份，占公司已发行股份约26.06%。于出售事项完成后，青蛙王子、振飞投资及李振辉（创始人）不再为公司的主要股东，同时辞去公司主要管理职位，但公告中则对接盘方的信息没有任何披露，仅表明是公司无关联的第三方。新的股东是谁投资者都无法知悉的话，又谈何去投资呢？

冠军科技 CHAMPION TECH（HK.00092），2016年10月2日晚刊登了一篇简短的内幕消息通告，指大股东卖盘，交易已于10月1日完成，出售的股份占公司已发行股本27.9%。公司可谓惜字如金，在简单的通告内，仅仅只是披露了第三方的名称，至于新大股东的背景资料，又或是作价的根据，都没有披露，投资者根本无从了解，更别提对公司未来发展的认知。相比A股公司对控股地位的极度重视，港股大股东甩屁股走人，可谓毫不在意。

由于股权转换比例未超过30%，按照收购合并条例，收购方不用做出全面收购要约，亦不需要举行任何股东特别大会，小股东基本没有任何话语权。但实际上，更换大股东，对公司的长远发展而言，具有极为重要的作用。穷庙富方丈，如果大股东老干掏空上市公司资产的事，公司发展日益衰落，股价还能好吗？反之，一个破庙来了个能干又有名气的住持，相信没几年就香火旺盛了。所以，小股东应该有完全的知情权，知道到底是什么样的股东入主公司，然后根据这个信息进行决策分析。

又比如对购股权的信息披露，很多上市公司会在某些时期授出购股权给公司的高管或者骨干员工，一般公告的信息仅披露购股权的数量、行权价格与时间，而很少会披露达成相关的购股权行权条件的业绩考核指标。虽说购股权是对公司员工的一种激励，但是不披露考核指标，普通的投资者根本无法得知授出这些购股权是否条件过低，有损害公司利益之嫌。相比A股会披露激励达成的业绩目标而言，此类披露相当不透明。

上市公司信息披露的完整性不够

例如，在定期报告中，A股强制要求披露董监高持股变动情况、报酬情况等，但港股并未强制要求披露，仅为建议披露。A股通常有十大股东持股比例及其变动情况披露，而港股一般仅披露高管及主要股东持股情况，较为简单。而管理层的股权变动，对普通投资者判断公司的投资价值，有一定的辅助作用。虽然我们可以在联交所指定的网站——披露易上查询到这些高管的持股变动，但事实上这也属于自愿性而非强制性的披露行为。如果公司不去申报，我们根本无从知道，况且作为普通的投资者，又有多少人每天去披露易查询公司的公告呢？

披露弹性大

例如，港交所《股价敏感信息资料披露指引》并未逐一列举何为股价敏感资料，而是规定：是否属于股价敏感信息，由公司董事会讨论决定，必要时可向联交所询问。这样对公司来说就带有很大的选择性披露的余地，某些时候可能会对信息不对称的中小投资者造成伤害。

总体而言，香港证券市场的监管机构对上市公司的信息披露监管较为宽松，信息披露的时效性、透明度及完整性有待进一步提高。作为普通的投资者，需要加强对相关公司的信息披露的解读。

上述问题的根源，部分层面上与香港政府标榜的自由市场理念有关，监管相对过于宽松。另外，作为监管角色之一的港交所并非政府机构，与内地上交所及深交所作为政府附属机构不同——它甚至是一个上市公司，有各种利益在内，因此监管的独立性不够。

第四节　香港与内地两市的区别

两地市场概况

相比香港证券市场超过百年的发展历史，A股市场显得极为年轻，尚不足30年。但由于中国经济高速发展，因此上市公司的数量也直线上升，截至2016年12月，香港与沪深两地市场的上市公司对比如表4－1所示（数据截至2017年2月14日）。

表4－1　香港与内地两市上市公司对比

	香港交易所		上海证券交易所		深圳证券交易所	
	主板	创业板	A股	B股	A股	B股
上市公司总数（家）	1723	269	1211	51	1895	49
上市H股总数（只）	219	23	n. a.	n. a.	n. a.	n. a.
上市红筹股总数（只）	153	6	n. a.	n. a.	n. a.	n. a.
上市证券总数（只）	8596	270	n. a.	n. a.	n. a.	n. a.
总市值（亿元）	HKD 263523	HKD 3230	RMB 298942	RMB 1051	RMB 228727	RMB 846
总流通市值（亿元）	n. a.	n. a.	RMB 251430	RMB 1051	RMB 156621	RMB 836
平均市盈率（倍）	11.33	72.19	16.63	28.39	42.02	11.08
总成交股数（百万股）	256781	2712	18962	35	16170	27
总成交金额（百万元）	HKD 85509	HKD 458	RMB 205208	RMB 228	RMB 232477	RMB 175
市场总成交金额（百万元）	HKD 85967		RMB 206684		RMB 232652	

资料来源：香港交易所网站。

由于历史原因，香港证券市场更加接近于欧美的制度。因此在各方面都与A股市场有显著的区别。随着沪、深港通的开放，越来越多的投资者进军港股，因此很有必要对两地市场各方面的区别加以了解。笔者根据自己的投资经验，归纳了一下，从发行、交易规则与机制、信息披露、监管等方面，对两地的市场区别加以论述，希望对投资者加深两地市场的认识有所裨益。

发行机制

香港证监会规定，发行和审核股票统一采用注册制，与全球主流市场普遍的做法相同，而目前 A 股市场的股票发行制度仍然实行审核制（核准制）。

注册制是指证券发行申请人依法将与证券发行有关的一切信息和资料公开，制成法律文件，送交主管机构审查，主管机构只负责审查发行申请人提供的信息和资料是否履行了信息披露义务的一种制度。注册制是形式审核，只要符合证券法规定的条件就可以自行 IPO，不需要证监会同意，只要按规定备案即可。

核准制是一种实质性审核，即证监会的新股发行审核委员会从行业背景、商业模式、市场营销、业绩可持续性、财务管理、法律风险等各个角度审核通过后，才能发行上市。

交易规则

两地交易时间存在差别，如港股 9:30 至 12:00 为上午持续交易时段，13:00 至 16:00 为下午持续交易时段；A 股 9:30 至 11:30 为上午持续交易时段，下午则从 13:00 开始至 15:00 结束。交易时间方面，A 股短于 H 股。

H 股没有涨跌停板限制，而 A 股有严格的涨跌停板制度。A 股普通公司设有正负 10% 的最高涨跌限制，而对于一些被特殊处理的公司（一般冠以 ST 或 * ST），则严格限制为正负 5% 的幅度。

港股公司的股份很容易出现分拆、合并的行为，部分估值较低的公司会出现私有化退市等，而类似行为 A 股公司则从未发生。

其他的区别如买卖的单位不一样，港股可由上市公司自行决定，而 A 股统一为每手 100 股。

总体而言，交易规则的差异主要体现在交易日、交易日时间段、证券代码、简称、买卖单位、报价单位、涨跌停限制等方面，读者可参考本书第三章的内容。

交易机制

港股实行 T+0 的当日回转交易，即当天买入的股票可以当天卖出；而 A 股当日买入的股票则必须隔日（交易日）才能卖出。

另外，A 股的做空机制极为有限，现有的融券、股指期货和 ETF 期权三种做空途径，要么被严格限制，要么因制度设计而成交寥寥，根本不足以对冲市场中的非理性行为，多数投资者还是只能被迫单边做多获利。而港股的做空手段则丰富得多，各种股票、牛熊证、指数期货等可以用来卖空。

信息披露

与 A 股的完全实名制持有不同，香港市场实施以间接持有方式为主的多级持有体系，即名义持有人制度，普通投资者不会出现在港股通上市公司的股东名册之中。投资者如需进行股票交易，一般会将纸面股票托管至证券公司，证券公司再存管至香港结算，最终以香港结算代理人的名义体现在股东名册。

财报信息的披露也不同，例如，相对于 A 股要求按季度定期披露财报及财报统一发布的时间为每年的 12 月底不同，香港市场仅要求披露年报及半年报，季度财报可自行选择披露。另外，财政年度的日期可以是 3、6、9 及 12 月，没有强制规定。

其他的信息披露不同见本章第三节内容。

机构监管

某些上市公司停牌后有可能长期停牌，甚至无限期停牌，直接退市，而能否复牌则取决于提交的资料是否满足联交所的监管要求。而A股上市公司的股票退市则极为“艰难”，除非被确认为造假上市，否则退市机制中只规定了净利润连续两年亏损将被＊ST，连续三年亏损被暂停上市。一般公司都会死命“保壳”，炒壳反而成了A股的一个特色，越是烂的公司反而越受投资者青睐，因为都希望乌鸡变凤凰，一夜暴富。两地退市制度的差别如表4－2所示。

表4－2　两市退市制度对比

A股市场	港股市场
★上市公司存在上述两类违法行为[①]，被证监会依法做出行政处罚决定，或者因涉嫌犯罪被证监会依法移送公安机关的，证券交易所应当做出暂停交易，原则上一年内做出终止上市的决定。 ★上市公司的财务状况在证券简称前加入相应标记（例如，ST、＊ST及退市等标记）以警示投资者风险。 ★创业板没有ST这个警示过渡期，连续亏损3年的创业板公司将直接被暂停上市。	联交所采用非量化的退市标准。 部分上市公司可能被除牌的情形示例： ★若公司被视作未能拥有足够业务运作或资产； ★严重违反上市规则； ★公众持股量持续不足； ★公司或其业务不再适合上市（例如：公司成为现金资产公司）； ★公司因上述或其他原因长期停牌，而没有采取适当行动达致复牌。

注：①指欺诈发行、重大信息披露违法。

而对于A＋H股上市公司的停牌规定，因存在任何未披露的内幕消息（或重大消息），深交所或联交所根据自身规则决定实施盘中停牌的，两地同步实施停牌。除此之外，在其他情况下，两地交易所将根据各自的规则，决定A＋H股上市公司于各自市场是否需要实施停牌。也就是说对同一个信息，可能出现A股停牌而H股不停牌的现象。

其他不同

税费不同，香港市场与内地在税费安排方面存在差异，具体来讲，投资港股，投资者主要需支付交易税费、结算及交收服务费用、存管和公司行为服务费用等税费。

集资机制不同，H 股公司可以通过供股、公开配售等方式快速集资，当然，这也带来一系列被诟病的恶意圈钱的老千行为。

红利派发方面，香港公司的红利有很多种形式，如现金派发可能不是港币，而是其他外币；部分公司提供现金选取权，即可以选择派发股份或现金，甚至有些公司会直接派发持有的子公司（上市公司）或其他公司的股票。A 股的红利通常是现金或者送股。

股息税方面也大不相同，具体可参见本书第三章第五节。

当然，还有其他诸多不同，有兴趣深入研究的投资者可以上香港证监会及联交所网站，查询相关上市与交易规则方面的文件。

第五章　股票定价基础

上市公司的股票在公开市场上出售，到底以什么样的价格出售合适呢？投资者又如何来衡量上市公司的价值，以此判断高低贵贱呢？这就涉及对股票的定价。作为投资者，一定要了解股票到底是如何定价的，影响股价变化的关键因素有哪些。尽管没有绝对的统一衡量标准，但长久以来的金融市场发展中，还是逐步形成了一整套影响或决定股票价格的基本因素，归纳起来主要有下面四个方面。

（1）上市公司的账面资产价值；

（2）主营业务的预期增长率与增长空间；

（3）股息率（分红水平）与现阶段的市场利率水平；

（4）公司业务经营风险系数。

另外，上市公司所处国家金融市场的整体风险水平，也是影响股票价格的重要因素。针对上述因素，本章将逐一进行论述。

第一节 账面资产价值

衡量的一般标准

现代交易制度最早是从以物易物发展而来的，早期人们通过以物易物的交易方式来获得各自所需。比如，一把皮毛换取几个鸟蛋，一把弓箭换取几件陶器等，虽然没有相关的定价标准，但主要的原则还是按付出劳动的难易程度。随着一般等价物特别是货币出现以后，这种交易模式逐渐被取代。

而衡量股票价值的“一般等价物”，就是经过权威审计机构审计过的上市公司的账面资产价值。我们只有清楚地了解这个资产的市场价值，才能知道应该以什么样的价格来购买它。

按照现代会计制度，资产是指企业过去的交易或事项形成的，由企业拥有或控制的，预期会给企业带来经济利益的资源。这里核心有两点，一个是企业拥有或控制的，另一个是能带来经济利益的，能直接或间接导致资金或现金等价物流入企业的潜力，由此我们引入了一个定价最基础的公式——市帐率[①]（Price/Book value，即 PB，内地一般称“市净率”）。

市帐率的具体运用

市帐率是公司的投资市场价值相对于账面资产的比较水平，是评估股价是否过高的指标之一。在同一类股票中，市帐率较低的公司可能更具投资价值。大多数过高的市帐率水平是需要警惕的，因为这意味着投资者将以比公司账面价值高得多的价格买入公司的资产，一旦这些资产不能带来预期的高额经济利益，那资产的市场价值将会大打折扣，甚至大幅下降。

① 香港市场的习惯叫法。

例如，某上市钢铁公司，账面价值100亿人民币，在社会固定资产投入大幅度上升的背景下，建筑钢铁需求受到刺激，市场价格节节攀升，利润大幅度上涨，100亿元账面值的高炉资产能够带来高达30亿元的净利润。市场情绪狂热，认为这种形势可以持续下去，故给予钢铁公司高达3倍以上的市净率水平。但假如突遇类似2008年的经济危机，需求萎缩，产能过剩，钢铁无人问津，则钢铁公司这些花费大额代价建设的资产，不再能够给企业带来经济利益，甚至会发生亏损变成“负资产”，资产的价格直线下降，不少钢铁公司以大幅低于账面价值的价格出售，那些在狂热时期以几倍账面资产价格买入的投资者将会发生大幅亏损。

但也有些资产，随着时间的推移，甚至可能大幅上升。例如有的公司位于发达城市核心地段的地产楼宇等，随着城市的不断发展，人口流入聚集，市场租金水平持续提高，地产价格年年上涨，从而带动这些资产大幅升值。

因此，上市公司财报呈现的账面资产价值是我们判断公司价值的基础，但最重要的是投资者要知道，在不同的时期，不同类型的资产的市场价值也会发生显著变化。如何去评判以及预估这些资产可能的市价变化，是投资的重要功课。

第二节　预期增长率与空间

预期的威力

虽然未来的事情从来都无法得到即时验证，但预期这个东西，却极大地影响着投资者对公司股价的估值判断。一个即使多年亏损的公司，如果能让投资者信服其未来将能够有巨大的盈利能力，则股价也很可能一直享有很高的估值水平，除非人们的预期幻灭。

最明显的例子就是在美国纳斯达克上市的公司——亚马逊（NAS-

DAQ：AMZN）。亚马逊 1997 年在美国纳斯达克市场上市，作为一家互联网零售公司，自上市以来，虽然发展迅速，市场份额持续扩大，但却年年亏损。直到 2015 年才跟年度亏损说再见，而当年净利润也只有 5.96 亿美元，但这并不妨碍市场持续给亚马逊很高的估值。目前亚马逊的市值超过 3600 亿美元，仅逊于苹果、微软、谷歌等高科技企业，市值增长超过 20 倍。

市场为何愿意给亚马逊高估值，当然是因为它的想象力，或者说未来巨大的盈利预期。投资公司 MKM Partners 的分析师 Rob Sanderson 就表示，亚马逊的成长空间比其他任何大公司都要大，并声称其将会在 2020 年成为市值最高的企业。“目前，亚马逊在两个最具增值空间的行业中占据重要位置”，即在线零售和云计算。2016 年 5 月，JP Morgan 分析师 Doug Anmuth 的分析报告指出，亚马逊在美国的在线零售板块所占份额为 35% 至 40%，到 2018 年预计可以达到 50%。而目前，在线零售（汽油、食品和汽车不计入内）在全美零售业所占比也只有 11% 到 12%，但它将在 2018 年达到 14%，最终预计能超过 30%。也就是说，亚马逊在一个有巨大潜力的行业中，发展前景乐观，有机会占据半壁江山。

由此可以看出，预期增长以及增长的空间对股票估值巨大的影响力。

例如，两家不同行业的公司 A 和 B，现阶段它们可能有一样的负债结构与盈利能力，但如果 A 公司市场预期可以以 25% 的速度增长 10 年，而 B 公司最多能以 25% 的速度增长 5 年。那么毫无疑问，现在投资者会给 A 公司更高的估值，至于将来 A 是否会如设想的那样增长呢，没人在乎。

一旦这类公司业绩增长没有达到相应的水平，股价则可能大幅下跌，这点在香港市场尤为明显。例如，2013 年底上市的国内最大的金融卡供货商金邦达宝嘉（HK.03315），上市时正值国内金融卡行业迎来一个技术转变的潮流——由磁条卡转为智能卡，且公司上市前几年持续高速增长，由此引发市场对其巨大增长空间的遐想，因此对金邦达抱有极高的期望。上市时，多家投行都推测公司之后两年的复合年均增长率将达 40% 以上。可惜“理想很丰满，现实很骨感”，天不遂人愿，金邦达并没有如预期般持续高速增长，仅在 2014 年增长 51% 后，2015 年大幅回落至 13%，而 2016 年中期甚至同比下滑 24%。现如今股价已离当时高位跌幅近 7 成，而下挫最大的原因就是公司盈利增长不如预期的快。

图 5－1　金邦达宝嘉上市以来股价走势

另外，除了公司本身的增长预期会影响股票价格外，市场其他因素的预期变化也会对整体市场施加压力，进而影响个股。这些因素有很多，如本币的升值贬值、市场利率水平的上升下降、经济增长水平的变化等，都是能够对短期估值施加影响的主要变量。

PE 与 PEG

我们也常用市盈率（PE）来判断市场对公司预期增长的衡量，用公司的市值除以公司年度盈利，就可以算出目前市场给公司的估值是多少倍市盈率。一般市场给予的市盈率越高，说明投资者对公司的前景越加看好，愿意给予比同行业更高的估值水平。

但 PE 是静态的，未能很好地体现成长型企业的未来增长空间，由此我们引入了判断股价遭低估的成长型企业的一个估值指标——PEG（市盈率相对盈利增长比率），它是在 PE 估值的基础上发展起来的。这在部分程度上弥补了 PE 对企业动态成长性估计的不足，方便投资者从同类增长的公司中筛选更低估、更值得投资的公司。

但是要注意，PEG 有比较大的局限性。这是一个很主观的指标，因为我们对于未来是预判，过去的高增长不代表未来几年也可以持续，所以投资者仍然需要持续跟踪公司，以确定一个更为符合实际的指标。

第三节　市场利率与股息分红

市场利率对估值的影响

我们一般用市场的利率水平（通常采用一年期的存款利率或者国债的定价基准）来衡量资金成本。一般而言，市场利率水平越高，代表资金的成本越高，因此需要更高的回报率来支撑，股票市场的总体估值水平就要下降到回报率令人满意的程度。截至目前，仍然没有权威的研究表明市场利率水平长时间和股市的走势有较强的负相关关系。股票市场整体走势可能更多地受经济发展水平、利率因素、其他投资渠道收益、社会环境变化等的综合影响。

但是，市场利率的波动对证券市场短期的估值仍然有巨大的影响。资本的嗅觉是灵敏的，当其他投资渠道经过风险调整后的收益比更高的时候，资本就会朝这个方向流动。

在高利率的市场环境中，股票市场整体很难有强大的吸引力，除非估值足够低，因为其他渠道，如债券、信托等，也可以为投资者带来稳定的高额回报。例如，市场某个阶段，银行存款利率达 4%，而债券市场风险较小的高等级企业债券收益可达 6%～8%，而评级较差的企业债券甚至高达百分之十几，如果股票市场估值不是足够低，不能提供相应的回报率，资金将会逐步地转移到债券市场，引发股票市场估值的下跌，直到回报有足够的吸引力为止。

反之，在市场的利率水平由高逐步走低，或者长期处在低利率环境中，股市整体有可能享受较高的估值，尤其是那些盈利强劲、具有更好分红水平的公司，会更受稳健投资者的欢迎。

A 股典型的例子是长江电力。尽管公司增长前景不明显，但长江电力于 2015 年 4 月 29 日进行了公司章程修订，关于公司分红，第一百八十条规定，“对 2016 年至 2020 年每年度的利润分配按每股不低于 0.65 元进行现金分红；对 2021 年至 2025 年每年度的利润分配按不低于当年实现净利润的 70% 进行现金分红”。

按公司的股份数量计算，2016—2020 年，相当于每年现金分红不低于 143 亿元。敢于承诺这么高的分红水平，说明公司有绝佳的现金流。以当时市价不足 12 元人民币计算，相当于承诺了一个超过 5% 以上的高额稳定收益率，对比银行存款不足 3%，收益实在诱人。果然，在公告发布后股价持续上升，即使市场弱势，该股也保持在一个良好的估值水平上。

派发股息对估值的影响

通常而言，在一个比较成熟的证券市场，持续派发股息红利以及派发高额股息的公司更受投资者欢迎，尤其是具有长期投资目标的资金，如保险、养老机构等。因此，能够派发股息的公司享受的估值一般会比同类型的公司高。这种情况在欧美市场是比较普遍的，而港股市场也体现得比较明显——多数盈利稳定、肯持续派发股息给投资者的公司，整体估值要高出一筹。这不难理解，分派股息越多，向市场传递的信息越正面，显示公司强大的现金创造能力，是公司市场形象的最佳广告。持续派息的公司，尤其在市场处于熊市阶段，更能体现其稳定的估值。例如，在目前普遍的低利率水平下，港股市场的高股息公司更受欢迎，股价的表现也整体好于其他板块。

但是，在一个整体高估值、以赚价差为主要获利来源的高换手率市场，很多投资者并不重视分红，这点在 A 股的创业板与深圳中小板体现得非常明显。中小板的市盈率长期在 30 倍上方，而创业板更是普遍的 50、60 倍市盈率。伴随着整体的高市盈率，是市场的超高换手率，市场的交易文化长期以博弈为主，所以面对这样的高估值市场，投资者并不看重公司的现金分红。

所以，高分红公司享受较高估值，这种定价模式仅对部分公司有效，几乎不派发股息的公司不在此列，无法用此种方式来估值。

可以说，无论牛市、熊市还是上蹿下跳的猴市，红利将始终如牛角般坚挺，一路伴随投资者度过股市的风风雨雨，温暖着价值投资者的心。

第四节　公司风险系数

股市有风险，投资需谨慎！我们经常把这句话挂在嘴边，但实际上真正注重与研究投资风险的投资者并不多，虽然风险时时刻刻存在。

不同公司的风险系数是有很大区别的，投资者评估上市公司的风险要考虑诸多因素，如管理层作风与品德操守、公司的市场形象、主营业务的稳定性、提供产品（服务）的竞争力、行业增长空间、公司财务结构、自由现金流情况与估值水平等。

要具体评估公司的风险系数或者说风险等级是比较困难的，主要源于信息的缺乏与信息不对称。不过细心的投资者实际上仍可通过主观制定一些标准，来对目标公司的投资风险进行预评判。要紧紧把握“宁可错杀一千、不可放过一个”的风险评判原则。面对这么多上市公司与风险，投资者要有“弱水三千，只取一瓢饮”的格局。面对无数诱惑，我们只要用心好好把握住其中的一样就足够了。

对于风险的评判，我通常用打分制这种最简单最直白的方式。投资者在筛选公司时，可以对目标公司可能发生的风险因素做一个列表，根据权重的不同赋予相应的分数，看最后得出的分数是否符合自己的风险接受程度。一般而言，我们可以采取诸如表 5 - 1 的风险评分表。

表 5－1　风险评估

公司	管理层品行	负债水平	利润率	行业空间	股权稳定性	产品竞争力	估值水平	总得分
公司 A								
公司 B								
公司 C								

注：评估的风险内容、关注点，投资者可根据不同的公司特征来确定。

可以这么说，在其他条件相同的情况下，经过严格评估的个股的风险越低，所能获得的估值也越高。例如，A 股市场的贵州茅台，其风险系数显然要低于大多数公司，所以其被错误定价的可能性也比较小，一般只有在比较极端、市场崩塌的情况下，才可能被抛售，而此时可能是这种公司绝佳的投资机会。

另外，高风险就要有高收益来补偿，市场没有“活雷锋”，没有人乐意去做高风险低收益的事情（即使有，也很大概率是该投资者并未真正意识到此类投资的高风险罢了）。

正因为风险的存在，才使得股市如此迷人。错误的定价终会被纠正，对风险认识的深度与最后获取收益的程度，很大程度上是正相关的。

第二部分　投资策略

虽然投资的本质到哪都一样，但每个特定的市场都有其独特的风格特点。投资者如果能够熟悉目标市场的特点，采取相适应的策略，会有更大的可能获得投资收益。

本部分主要介绍港股投资中几种可行的投资策略，如以股息为主的投资组合，博弈重组、壳资源买卖的组合，以成长股为重点或者是挖掘隐蔽资产等方式。不同的策略适合不同的投资主体，采取何种投资策略因人而异。

当然，你不需要每一种策略都很精通，只需要选择适合自身特点的就已足够。另外，要牢记：要赚大钱，必须要有足够的耐性。

为了便于读者理解，本部分内容将会列举大量个股。请注意，列举这些个股并无推荐之意，仅是为了让读者更好地理解文中所要表达的思想，请勿据此做出简单的投资决策。

第六章　高股息循环及轮动策略

第一节　复利的威力

不同投资方式的对比

对绝大多数投资者而言，资本市场上最常见的可投资方式有以下五种类型，如表 6－1 所示。

表 6－1　五种投资渠道的对比

资产类别	获利方式	风险源	风险等级
股票	分红及股价上涨	股价下跌	较高，需要选取可靠公司
债券	债券利息	债券违约	一般，国债几乎没有风险，地方债风险略高，公司债有少量违约发生
房产	租金及房价上涨	房价下跌	一般，大城市过去的经验是几乎没有下跌风险，少数热点城市或三四线城市有下跌风险
黄金	金价上涨	金价下跌	中等，黄金多数时候仅能保值
存款	利息收入	利率下降	极低，银行基本代表着政府信用

从中国过去十几年的经验看，银行存款是最差的选择。结合通胀水平考虑，20 多年前的万元户（那时候应该是绝对的富裕阶层）到现在不过

200 多万元，相当于二线城市一套普通的房产罢了。而以目前的通胀水平看，存款仍然是最不可取的投资方案。

债券大多数时候比存款的利息高一些，尤其是企业债券更高。过去相当长一段时间，政府为了维持稳定，大多数债券基本都是刚性兑付，即使企业拿不出钱来也会想办法兜底。但是，债券的刚性兑付已经发生了变化。据统计，自 2014 年超日债券违约后，市场开始出现少量债券逾期。2015 年的违约笔数和金额明显上升，累计违约 24 笔、128.7 亿元；2016 年 2 月以后违约数量和金额分别猛增至 62 笔、376.3 亿元（截至 2016 年 7 月）。企业债券的风险明显上升。另外，想在交易所买 AAA 级以下的债券，目前的监管门槛是 300 万元资产，普通投资者基本无缘，只能去投资普通的债券，而这类低风险债券的收益率仅比定期存款略高些。

综合比较来看，房产尤其是一线城市及部分二线热门城市的房产，是过去相当长一段时间最佳的投资资产。但是，按目前房价与租金及收入对比分析，房价是有一定的泡沫特征的，所以，未来若干年房产是否还是最佳投资品，笔者没有这个能力判断，留给有兴趣的读者朋友慢慢思考。

而投资股票，尤其是买入持有高息股的方式，具有门槛低、策略简单、逐步积累、红利再投资的优点，适合大多数普通投资者。在运用这个策略之前，首先要了解“复利”这个概念，才能完全体会到高股息投资策略的威力。

惊人的复利

大多数人不清楚复利这个概念在金融市场的重大意义。阿尔伯特·爱因斯坦曾这样说：“复利是有史以来最伟大的数学发现。”

表 6－2　复利对照表

复利/年	3%	5%	7%	10%	13%	15%	17%	20%	22%	24%	25%	30%	35%
1	1.03	1.05	1.07	1.10	1.13	1.15	1.17	1.20	1.22	1.24	1.25	1.30	1.35

续表

年＼复利	3%	5%	7%	10%	13%	15%	17%	20%	22%	24%	25%	30%	35%
2	1. 06	1. 10	1. 14	1. 21	1. 28	1. 32	1. 37	1. 44	1. 49	1. 54	1. 56	1. 69	1. 82
3	1. 09	1. 16	1. 23	1. 33	1. 44	1. 52	1. 6	1. 73	1. 82	1. 91	1. 95	2. 20	2. 46
4	1. 13	1. 22	1. 31	1. 46	1. 63	1. 75	1. 87	2. 07	2. 22	2. 36	2. 44	2. 86	3. 32
5	1. 16	1. 28	1. 40	1. 61	1. 84	2. 01	2. 19	2. 49	2. 7	2. 93	3. 05	3. 71	4. 48
6	1. 19	1. 34	1. 50	1. 77	2. 08	2. 31	2. 57	2. 99	3. 3	3. 64	3. 81	4. 83	6. 05
7	1. 23	1. 41	1. 61	1. 95	2. 35	2. 66	3	3. 58	4. 02	4. 51	4. 76	6. 27	8. 17
8	1. 27	1. 48	1. 72	2. 14	2. 66	3. 06	3. 51	4. 30	4. 91	5. 59	5. 96	8. 16	11. 03
9	1. 30	1. 55	1. 84	2. 36	3. 00	3. 52	4. 11	5. 16	5. 99	6. 93	7. 45	10. 60	14. 89
10	1. 34	1. 63	1. 97	2. 59	3. 39	4. 05	4. 81	6. 19	7. 3	8. 59	9. 31	13. 79	20. 11
11	1. 38	1. 71	2. 10	2. 85	3. 84	4. 65	5. 62	7. 43	8. 91	10. 66	11. 64	17. 929	27. 14
12	1. 43	1. 80	2. 25	3. 14	4. 33	5. 35	6. 58	8. 92	10. 87	13. 21	14. 55	23. 30	36. 64
13	1. 47	1. 89	2. 41	3. 45	4. 90	6. 15	7. 7	10. 70	13. 26	16. 39	18. 19	30. 29	49. 49
14	1. 51	1. 98	2. 58	3. 80	5. 53	7. 08	9. 01	12. 84	16. 18	20. 32	22. 74	39. 37	66. 78
15	1. 56	2. 08	2. 76	4. 18	6. 25	8. 14	10. 54	15. 41	19. 74	25. 2	28. 42	51. 19	90. 16
16	1. 60	2. 18	2. 95	4. 59	7. 07	9. 36	12. 33	18. 49	24. 09	31. 24	35. 53	66. 54	121. 71
17	1. 65	2. 29	3. 16	5. 05	7. 99	10. 76	14. 43	22. 19	29. 38	38. 74	44. 41	86. 50	164. 31
18	1. 70	2. 41	3. 38	5. 56	9. 02	12. 38	16. 88	26. 62	35. 85	48. 04	55. 51	112. 46	221. 82
19	1. 75	2. 53	3. 62	6. 12	10. 20	14. 23	19. 75	31. 95	43. 74	59. 57	69. 39	146. 20	299. 46
20	1. 81	2. 65	3. 87	6. 73	11. 52	16. 37	23. 11	38. 34	53. 36	73. 86	86. 74	190. 05	404. 27

虽然复利公式并不难懂，但若是期数很多，算起来还是相当麻烦，有一个简单的“七十二法则”可以取巧。所谓的“七十二法则”就是“以1%的复利来计息，经过72年以后，你的本金就会变成原来的一倍”。这个公式好用的地方在于它能以一推十，例如，利用5%年报酬率的投资工具，经过约14.4年（72÷5）本金就变成一倍；利用12%的投资工具，则六年左右（72÷12），就能让一元钱变成两元钱。因此，今天如果你手中有100万元，运用了报酬15%的投资工具，你可以很快便知道，经过约4.8年，你的100万元就会变成200万元。

通过表6-2可以看出，**收益率与时间**这两个要素共同决定了最终的收益。我们通过选取比较有代表性的三组数字，分别为10%、15%及20%的年化收益率及10年与20年的目标收益来对比。从表6－2中可以看出：

10%的年化复合收益率，10年的时间，资产增值2.59倍，20年6.73倍。

15%的年化复合收益率，10年的时间，资产增值4.05倍，20年16.37倍。

20%的年化复合收益率，10年的时间，资产增值6.19倍，20年38.34倍。

这些数字没有考虑投资过程中还可能逐步增资的行为，因此最终的收益率将更为可观。

为什么是这3组数字？

因为10%的复合目标年化收益率是普通投资者通过学习有可能达到的，而15%的长期复合收益率已经可以迈入顶级投资者的行列，20%及以上则是大师级别投资水平了。鼎鼎大名的巴菲特几十年来的复合收益率也不过26%左右，尤其是资金量足够大的话，这种复合收益额度是惊人的。

第二节　高股息循环投资及轮动的策略执行

一般来说，能够常年保持派息甚至高派息比例的公司，都是主营业务稳定、盈利能力良好、具有极好的经营现金净流入、资本开支比较小的公司。这类公司在基本面上大部分都没有问题，值得信任。

投资持续派息公司最大的好处是：在市场处于长期低迷的阶段，高股息率公司可以给投资者很大的信心，同时股息可以再投资，投资的公司处于低估值时，可以积攒更多的股份，在牛市到来时获得超额收益；另外，高股息公司在熊市阶段股价也具有良好的向下支撑力，下跌的幅度也远低于其他类型公司。

港股中不乏高息股

港股市场中有不少公司常年保持很好的派息，派息率一直很高，超过10%的也不少见，笔者大概举例如下。

龙记集团（HK. 00255），开始写作本书时，股价在2. 18港元附近，而过去5年（2016年往后倒推，下同）派息分别为：15仙[①]、14仙、14仙、18仙、19仙，合计80仙。

信佳国际（HK. 00912），开始写作本书时，股价在2. 28港元附近，而过去5年派息分别为：15仙、15仙、15仙、13仙、17仙，合计75仙。

谭木匠（HK. 00837），开始写作本书时，股价在5. 06港元附近，而过去5年派息分别为：18. 22分、18. 72分、25. 23分、25. 17分、25. 77分，合计人民币达113. 11分。

庆铃汽车股份（HK. 01122），开始写作本书时，股价在2. 55港元附近，而过去5年派息分别为：10分、12分、10分、13分、16分，合计人民币达61分。

路劲基建 ROAD KING INFRA（HK. 01098），开始写作本书时，股价在7. 16港元附近，而过去5年派息分别为：43仙、46仙、46仙、58仙、58仙，合计高达251仙。

类似的例子非常多，再比如映美控股，2012年末期宣布每股派发股息达0. 217港元，加上0. 045港元的中期股息，全年派息高至0. 262港元，以前一个交易日收盘价0. 73港元计算，公司当年的股息收益率高达36%。回顾公司过往的派息历史可见，其分红派息的意愿一直较为强烈，2010—2012年，公司每股派息分别为0. 1港元、0. 12港元、0. 26港元。有人粗略算了下，如果在2010年初购入公司股票，3年来仅凭收取股息，就已经可以收回投资成本。

---

① 1仙等于0. 01港元，是港人对港币单位的一种习惯称呼。

如果对小型股不放心，恒生指数公司于2012年12月10日宣布推出**恒生高股息率指数**。该项指数包括最高净股息率的50只于港交所上市的股份及/或房地产投资信托基金，多为大型股及中型股。高股息率指数为追求低波幅稳健投资组合的投资者提供了一个很好的投资策略参考。投资者既可以直接买入跟踪该指数的相关基金，或者从指数成份股中优中选优，直接持有部分个股组合。

另外，港股有些公司也经常会出现临时大比例的派息行为，主要以派发特别股息的形式出现。特别股息主要来源于公司出售资产、投资套现，或逢公司重大周年纪念等时候出现。

例如，某公司在发生资产出售的时候，如没有特别好的投资，好的管理层或大股东会进行特别股息派发，最近的例子如bracell（原来的赛得利）(HK. 01768)、神州数码（HK. 00861）等。但是，对待这类派息也要具体观察，一般这类公司有一些特点，如大股东持股比例较高，或高管拥有大量公司股份，因为派特别息最受益的是他们，派息后股价可能继续低迷。

策略执行

具体而言，高股息循环投资及轮动的操作策略，核心要素有三点：(1) 持有长期稳定高息股；(2) 股息循环再投资；(3) 股息轮动，定期剔除不符合高息特性的公司。

归纳起来，高股息循环投资组合轮动的策略有下述4种好处。

(1) 高股息提供了稳定的现金流，在市场处于熊市阶段尤其宝贵；

(2) 红利再投资，可以促进复利增长，通过时间的积累，获得足够高的收益；

(3) 高股息的公司稳定性较好，组合的波动性较低，风险系数低；

(4) 高股息策略具有更高的灵活性，方便投资组合的切换与轮动。

所以，笔者认为高股息策略最适合普通投资者。采用此策略者，可夜夜安枕。

第七章　成长股投资策略

“找到那些优秀的高增长公司，抱牢它，让股价大幅增值”，这是典型的成长股公司投资法，也是最流行的投资方式。美国著名投资家菲利普·A. 费雪著有《怎样选择成长股》，这是一本投资的经典书籍，也是有史以来跻身《纽约时报》畅销书排行榜的第一本投资著作。可见这一策略的受欢迎程度。

第一节　成长型企业的特征

成长股无论在哪个市场都是一个热门话题。**公司业绩增长是推动股价持续向上最可靠的因素**。投资成长股策略的核心就是寻找具有光明前景的企业，提前买入并持有。它侧重于企业发展潜力的挖掘，而非目前的状态。追求成长型公司的投资者相信目标公司未来价值的迅速增长，足以化解公司的高估值状态，并会继续促进估值提升，股票价格将会继续上扬。

成长型公司通常具有以下六项特征：

（1）管理层富于进取精神，管理得当；

（2）企业的薪酬或激励对管理层及核心员工等有刺激作用；

（3）公司的营收在持续增长，而毛利率可以保持；

（4）公司具有区别于其他同类公司的独特竞争优势，且难以复制；

（5）所处行业的空间广大，优势公司有极好的扩展性；

（6）公司发展方向明确、市场开发能力强。

在互联网时代，成长型的公司甚至在很多方面并不具备上述的典型特征。也许一个团队，甚至一个人掌握的一个超级软件程序，就足以挑战甚至颠覆一个行业的传统优势。当然，这样的例子甚少出现在上市公司中。通常大多数的上市公司都已经具备了一定的规模，而作为公众公司，业务的发展也受到更多的限制，难以出现天马行空般的跨越式发展。

而作为投资者，除了分析公司的竞争优势用以寻找成长型公司外，还需考虑以下 7 个问题。

（1）公司的这些竞争优势或者说领先的特征是否能真正理解？

（2）管理层是否稳定，所持股份是否有足够的激励作用？

（3）管理层的品德操守是否良好？公司是否善待中小股东？

（4）如果某些核心员工离开，公司是否还能保持同样的竞争力？

（5）科技型企业的研发力度、消费型企业的推广力度、制造型企业的管理效率是否远胜同行业？

（6）公司的利润是否来源于主营业务？关联交易是否频繁且额度高？

（7）公司的信息披露是否透明及时，是否可以根据信息追踪业绩？

能够持续增长，而又乐于与员工及股东共享增长的公司，才是真正值得投资的好的成长型企业。

第二节　成长股投资策略的弊病

成长股投资方面有很多耳熟能详的成功例子，尤其在互联网领域，如谷歌、百度、腾讯等，无一不是成长股投资的绝佳代表，股价都是几十、上百倍的涨幅。正因为有这样的先例，不少投资者都在追求成长型公司。经过统计可以发现，多数的成长型公司一般集中在医药、科技、互联网、消费、环保及新兴产业等。

遗憾的是，成长股投资策略在众多投资策略中属于失败率较高的一种，这也不难理解。一家公司从创立、发展到上市，而后投资者再从万千备选投资公司中筛选出来，再一路跟随发展壮大，获得股价增值，这样的概率实在太低了。一组数据可以供读者参考。2013 年 7 月 30 日，国家工商总局发布《全国内资企业生存时间分析报告》，对 2000 年以来全国新设立企业、注吊销企业生存时间进行综合分析，绘制了一份企业的“生存时间分布表”（时间截至 2012 年底）。

表 7－1　企业生存时间分布

年龄	企业数量（万户）	比重	年龄	企业数量（万户）	比重
1 年以内	195.91	14.8%	11 年	43.13	3.3%
2 年	185.19	14.0%	12 年	33.95	2.6%
3 年	153.39	11.6%	13 年	27.15	2.1%
4 年	118.29	8.9%	14 年	21.71	1.6%
5 年	89.92	6.8%	15 年	18.16	1.4%
6 年	82.54	6.2%	16 年	13.18	1.0%
7 年	76.66	5.8%	17～19 年	27.74	2.1%
8 年	67.84	5.1%	20～24 年	35.83	2.7%
9 年	62.47	4.7%	24 年以上	13.67	1.0%
10 年	55.81	4.2%	合计	1322.54	100.0%

资料来源：国家工商总局企业注册局、信息中心。

从表 7－1 可以看出，企业从创立开始到第 5 年，其生存的概率只有 6.8%，也就是说有 93.2% 的企业都被淘汰了，可见生存的残酷性。

投资者稍微幸运些，因为我们只需在目标市场全体的上市公司中寻找成长型企业，这个难度已经较大幅度降低。截至 2016 年 9 月，香港市场上市公司状况如表 7－2 所示（包含主板及创业板）。

表 7－2　香港上市公司现状

项目	2016 年 9 月	2015 年 9 月	2015 年底
上市公司数目	1,930	1,816	1,866
市价总值（亿港元）	255,950	231,901	246,837
新增上市公司（家）	7	9	138

续表

项目	2016年9月	2015年9月	2015年底
上市证券（只）	9,060	10,221	9,015
股本认股权证(只)	12	14	13
衍生权证（只）	4,006	5,633	4,590
牛熊证（只）	2,105	1,871	1,630
信托基金（只）	158	143	145
债券(只)	841	736	762

要从这1930家上市公司中寻找到几家符合成长型条件的公司，也并非简单的事情。当然，成长股公司的寻找可扩大范围，投资者不一定要局限在香港市场。

正是因为寻找成长股尤其是能够持续增长的公司如此之难，失败的概率很高，所以在我看来，还是不应给予成长型公司过多的溢价，主要是因为预见未来比看清现在更加困难，具备这样深刻洞察力的投资者，尤其是散户，可谓寥寥无几。如果你不是这行的专家，对行业的未来又怎么可能有深刻的见解？多数投资者很多时候投资成长型公司与押宝、买彩票等行为无异，尤其是当你为成长股付出过高价格的时候，结果可能不是很美妙。

很多时候，具备各种概念的成长型公司一般估值已经不低（这在A股基本都是双位数的PB，三位数的PE，更是夸张），一旦成长型公司增长速度不尽如人意，股价跌幅往往不小。

一般成长型公司都集中于中小型企业，这类企业的生存概率一般远低于已经成熟的企业，所以投资者投资的成功率会更低。另外，成长股投资的最大风险在于大部分被认定为能够高速增长的公司，都享有比市场平均水平高得多的估值。一旦增长不达预期甚至负增长，股价在短期内很可能直线下跌，投资者期待的“十倍股”不但没有出现，反而可能“反十倍股”，股价从十元跌至一元。集中投资甚至杠杆投资的参与者可能会输得很惨。

第三节　案例分析

下面，笔者将结合自己的投资经历，举几个成长型公司的案例。请注意，仅是举例，不作为投资依据。

耐世特（HK. 01316）

耐世特汽车系统集团有限公司是一家全球领先的先进转向及动力传动系统、先进驾驶员辅助系统（ADAS）及自动化驾驶汽车技术的公司，经营业务主要分布在美国、墨西哥、中国、波兰、印度及巴西等地。客户包括宝马集团、快意佳士拿汽车（FCA）、福特、通用汽车、PSA Groupe、上汽通用、上汽通用五菱、丰田汽车、RNM 及大众集团等多数世界知名汽车制造公司。

2011 年，中航汽车系统控股公司旗下的太平洋世纪汽车系统从美国通用汽车手中并购了耐世特，约 4.5 亿美元的全现金并购案敲定，这个当时最大的海外并购案曾在业界轰动一时。公司随后于 2013 年 10 月在中国香港上市，业绩年年增长。借助中国汽车市场的发展，耐世特作为第一梯队的转向系统和动力传动系统供应商，目前在中国的转向系统市场上占据第三的位置。2014—2015 年，耐世特实现了 57% 的增长率。伴随业绩增长，股价也一路高歌。直至 2017 年业绩放缓，股价才有所回调。虽然贵为行业翘楚，耐世特业绩放缓也是不争的事实。作为聪明的投资者，此时的耐世特到底是上涨中的中途歇脚，还是掉头回落呢，这种成长性的判断极大地考验着投资者的眼光。

昊海生物科技（HK. 06826）

昊海生物成立于 2007 年，是一家专注于研发、生产及销售医用可吸收生物材料的高科技生物医药企业。公司于 2015 年 4 月 30 日于香港联交所主板成功上市。公司专注于中国医用可吸收生物材料市场中快速增长的治疗领域，包括骨科、整形美容与创面护理、眼科、防粘连及止血。

据CFDA南方医药经济所的研究报告，2015年，昊海生物科技的骨关节腔粘弹补充剂产品、防粘连产品、眼科粘弹剂在国内的市场份额得到进一步提高，分别达到34%、50.2%、41.8%，稳居中国骨关节腔粘弹补充剂产品、防粘连产品、眼科粘弹剂生产商头把交椅；重组人表皮生长因子产品的市场份额也从上年的15.3%上升至16.2%，并已连续两年保持国内第二大重组人表皮生长因子产品生产商的地位。在原有核心产品销售数量持续稳步增长的同时，两大新产品业绩增长亮眼。数据显示，整形美容产品“海薇”于2016年上半年实现收入超过8000万元，同比增长148.7%，接近2015年全年收入水平。骨关节腔注射用医用几丁糖在2016年上半年实现收入3707万元，同比增长37.5%。

如果投资者对此行业有深刻的理解和洞察，相信可以更好地把握投资机会。但是多数人对科技、网络、生物制药等高成长性行业的应变与理解都比较慢，这样的行业淘汰率也非常高，风险相当大。所以说，投资成长股，何其难也！

追求成长型公司无可厚非，如果判断正确，得到的回报会相当高，尤其是长期持有。但是作为理性的投资者，要知道失败的是绝大多数，只是没有宣传，不为人所知，只有成功者市场才会追捧。过度沉迷于追求成长股，对于很多刚进入投资领域的新手并不可取。

第八章　隐性价值与低估型公司

第一节　被实践证明有效的投资策略

一代大师：沃尔特·施洛斯

提到这个策略，不得不介绍一个伟大的投资家——沃尔特·施洛斯。

1916 年，沃尔特·施洛斯生于纽约一个犹太移民家庭，1934 年高中毕业后进入华尔街，后来接受格雷厄姆的证券交易培训，二战结束后的 1946 年加入格雷厄姆 - 纽曼公司，成为一名证券分析师。他和巴菲特共用一间办公室，成就了两位大师超过 60 年的友谊。1955 年，创建沃尔特·施洛斯有限合伙公司（WJS），开始独立管理资金，2003 年停止管理合伙人的资金，成为全美业绩最好的投资人之一。

2012 年沃尔特病逝，享年 96 岁。巴菲特听闻这一消息后，发表声明称，施洛斯是与自己相交 61 年的朋友，“他的投资记录辉煌，但更重要的是，他树立了正直的投资管理典范，他信仰的道德标准与他的投资技巧同样出色”。

施洛斯偏爱冷门股，经历了美国的 18 个经济衰退。巴菲特 1984 年在哥伦比亚大学的著名演讲“格雷厄姆－多德郡里的超级投资者们”中，说施洛斯是反驳市场有效理论活生生的例子。在亚当·史密斯的经典书《超级金钱》（1972 年）中，施洛斯的“烟蒂”股票投资法也让作者大为惊奇。让施洛斯看上的典型指标是：股票以净资产的 8 折交易，3% 的股息回报率，并且没有债务。他说：“我关注的是资产，然后没有债务，那些资产总会值些钱。”

巴菲特说，施洛斯的投资策略是一种保本型的投资方式，它避免涉及那些容易造成永久性本金损失的风险。基于保护本金的风险回避态度，施洛斯具有了资产大于收益的概念，这是一个反向投资的观点。大多数投资者专注于盈利，许多人根本不会购买正处于亏损中的公司的股票。

施洛斯在 1985 年接受《巴伦周刊》采访时称，普通投资者将关注的重心放在公司未来的盈利上是有风险的。“大多数人都在紧盯公司的收入和未来的盈利潜力，但我不会加入他们的游戏。个人投资者只有很少的资源，但使用这种投资方法需要与那些有巨量信息的大经纪公司分析师们竞争。成功的秘诀是，专注于保护本金，你不必去谈管理，听分析师分析，或者去预测宏观经济，你需要做的只是以低于其本身资产价值的价格购买股票，然后放着。”

在施洛斯漫长的投资经历中，以低于资产价值买入的股票最终会盈利，然而这需要时间，他平均持有一只股票的时间约为 4 年，在这个方面施洛斯很有耐心。他认为，市场的过度下跌导致很多便宜货，只要时间足够，他必将获得回报。“好运终将来临”，他如此告诉自己。在此期间，资产价值可以为股价提供一些保护，以防止价格的深度下跌。他倾向于在股价形成底部前就开始买入，并在股价继续下跌时以更低的价格增持股票。

值得注意的是，施洛斯在他漫长的资金管理生涯中，曾经投资过大约 1000 只股票，这些股票大多平淡无奇，但是他却创造了 16% 的年复合增长率。因此，**巴菲特认为，施洛斯创造的成功几乎不可能是因为机遇，而是由于正确的方法**。

该策略的港股适用性分析

港股的土壤，事实上非常适合施洛斯的投资策略。**挖掘那些具有隐蔽的资产价值或者账面被大幅度低估的公司，等待价值的逐步体现，是一种稳健的“先保证不输，然后赢”的投资策略**。

这里的隐性价值型公司指的是那些没有充分体现在公司财务报表上的，但是按市场公允价格可以衡量的、具有巨大价值的隐蔽性资产的公司。通常隐蔽性资产的定义是指资产的市场公允价值减去账面价值后的差额资产。由于会计准则上的差异，包括存货、商誉、专利权、矿产、地产、渠道等资产的市场价值，在多数情况下并未完全或者真实地体现在账面价值上。这些隐蔽性的资产主要有以下三种情况。

（1）矿产、石油、土地和木材、工业用地等资源型原材料企业所拥有的资产，经过较长时间的沉淀后，存在价值重估的可能性。

（2）企业拥有的专利权、特许经营权、其他上市公司股权等，都有可能成为上市公司的隐蔽资产。

（3）公司以成本法入账的处于城市核心地段的楼宇等固定资产，随着城市发展，地产价格大幅上升，实际价值远高于账面价值。

由于不少公司对于有形资产当初都是以成本法入账，而随着时间的推移，公司的地皮、矿产、林地等资源或股权，可能已经大幅升值，但体现在账面上的还是最初的成本。具备这类特征的公司就是属于具有隐蔽性资产的公司。

另外，在香港市场，你会发现，很多公司的账面资产经常远高于市值，不少这样的公司是可以排除“老千”嫌疑的（具体见本书第十三章）。

这两类公司，前者属于隐蔽资产型公司，而后者可划分为低估值的价值型公司。有时某些公司可能两种特征都具备，属于更加低估的类型，这些公司是价值投资者亟待挖掘的宝藏。

第二节　案例分析

投资这两种类型的公司，需要投资者具备一定的财务知识，对公司进行深入挖掘。笔者将结合自身的投资经验，试举部分案例，供投资者参考，请注意，并非投资推荐。

隐性资产型公司

珠江钢管（HK. 01938）

写作本书时，珠江钢管市值约 11 亿港元，市净率只有 0. 33 倍。主营业务无缝钢管，碰到石油周期下行，有一定亏损。公司历史较长，拥有大量工业用地，随着城市发展，这些工业用地已经处于城市中心位置，有巨大增值。随着厂区搬迁，工业用地改变用地属性，价值逐步得到体现。其中在广东番禺的厂房已经转变为商业用地自行开发，面积达到 55 万多平方米；截至 2016 年 10 月，番禺的金龙城财富广场已推出超过 700 套单位。另外，集团亦计划把番禺的生产设施迁移至连云港及珠海，完成搬迁后，又会将大量的工业用地转变用途开发。公司巨大的隐性价值值得留意。

当然，并不是所有的工厂搬迁后的工业用地都能够转化为公司自身能够开发的其他类型用地（居住、商业），多数都是政府支付企业一笔搬迁费用，并做适当补偿。

合丰集团（HK. 02320）

写作本书时，合丰市值约 5. 7 亿港元，市净率只有 0. 4 倍。公司属于纸业包装行业，业绩一般，但是拥有好几处厂房，价值巨大。例如，2014 年 11 月，公司公布出售凤岗合丰纸品厂的全部已发行股本予两名独立第三方，作价 3. 8 亿人民币（共 4. 82 亿港元），集团估计将录得出售事项收益约 4. 38 亿元，这个价值就几乎相当于公司市值。况且集团还有另外三间生产厂房，公司潜在的资产价值可见一斑，投资者需要的是耐心等待价值的兑现。

佳宁娜（HK. 00126）

主要经营食品（旗下品牌月饼挺有名）、酒楼餐饮与地产三大主业。公司商业地产众多，例如，深圳佳宁娜友谊广场、东莞家汇生活广场、连云港华东城及益阳梓山湖新城。资产相对账面价值极其低估。

BRACELL（HK. 01768）

公司原名赛得利国际，是一家全球领先的溶解木浆和粘胶短纤生产商。出售内地的黏胶短纤业务，并派发特别股息后，目前在巴西还拥有200多万亩的树林地资源，专注发展上游业务（即生产特种纤维素业务，分别为溶解木浆及特种浆）。公司有巨大良好的经营现金流，股价持续被低估，但是公司已经开展私有化，且基本处于完成状态，已无投资机会。

惠记集团（HK. 00610）

写作本书时，惠记市值仅约19.2亿港元，而账面净现金达3.2亿港元，并且公司常年派息。同时，公司持有另外两家上市公司路劲基建（HK. 01098）39.94%的权益及利基控股（HK. 00240）51.17%的权益，仅这两部分价值就已经远远超过公司市值。但是，惠记历史上曾略有污点（大股东的一些行为受到行政部门的监管），感兴趣的投资者可自行查询。

华厦置业（HK. 00278）

写作本书时，华厦股价约7.9港元，市值不足9.6亿港元。公司自2001年以来持续派息（2003年除外），集团持有净现金超过3亿港元，另外持有大量的商业物业资产及诸多联营公司股权，重估价值巨大。

川河集团（HK. 00281）

公司本身没有什么实质性的经营业务，主业就是财务投资。目前市值约12亿港元，0.53倍市净率。主要股东有上海张江集团，持有29.9%股权；个人股东徐枫，持有29.87%；另一上市公司汤臣集团（HK. 00258），持有9.8%。从股东结构看，尽管公司市值较小，但相对可以信赖。主要投资资产包括：持有37%股权的联营公司上海张江微电子港有限公司，其主要业务是在上海市浦东新区张江高科技园区从事物业发展及管理；持有上市公司汤臣集团11.456%股权；持有账面值超过4亿港元的待售投资证券组合及部分待开发的位于澳门的地皮及其他待售物业。公司持有现金近7亿元，且没有任何银行贷款，财务状况一流。川河集团现金与资产俱佳，估值低廉，甚至很有可能是不错的并购对象。

新世界百货中国（HK. 00825）

新世界百货由香港著名企业家郑裕彤创办。随着内地网购的发展，实体百货业江河日下，公司股价甚至可以用一泻千里来形容——新世界百货相对历史高点跌去八成多。集团持有账面值45. 23亿港元的投资物业，主要包括上海泓鑫时尚广场，建筑面积约为43000平方米，于2013年5月以12. 5亿元人民币购入；上海市普陀区长寿路155号调频壹广场，总楼面面积约42000平方米，于2011年9月以14. 6亿元人民币购入。以不足20亿港元市值及0. 33倍市净率来说，实属低廉。

类似的公司还有华地国际控股（HK. 01700）、百盛集团（HK. 03368）、茂业国际（HK. 00848）、迪生创建（HK. 00113）等。虽然百货业利润不好，但物业本身巨大的价值，很可能促进相关公司进行私有化。但是公司2016年9月公布业绩，全年度纯利近4564. 3万元，跌34. 55%。9年来首次停止派息，投资者应有所警惕。

中国动向（HK. 03818）

中国动向由“中国时尚运动品牌的教父”陈义红一手创办。主营业务是代理意大利运动服装品牌Kappa，拥有Kappa中国大陆地区和澳门地区品牌所有权及永久经营权。中国动向除了体育用品业务外，更吸引人的地方在于，公司在2011年通过投资云锋基金，投资1亿美元间接持有阿里巴巴0. 31%股权，于2014年卖出了30%。阿里巴巴市值2500亿美元，中国动向账面仍有超过5亿美元市值。除此之外，公司保持超过9亿人民币的净现金。

价值低估型公司

嘉里建设（HK. 00683）

嘉里是老牌上市公司，香港最大的地产投资发展公司之一，主营地产开发、物业租赁及酒店业务，投资物业遍及香港及内地。公司自2001年以来持续分红，从未中断，值得投资者信赖。写作本书时，公司市值约350亿港元，0.42倍市净率，股息率约3.75%。

路劲基建(HK.01098)

路劲基建是一家投资控股公司。集团主要业务包括在国内投资、发展、经营和管理收费公路、房地产项目。按2016年中报披露，路劲持有房地产组合资产约港币350亿，包括土地储备约550万平方米，主要位于长三角及渤海湾地区。收费公路项目主要包括位于国内的五条高速公路，总里程约340公里。公司的收费公路业务提供了稳定的现金流。自2001年以来公司持续分红，从未中断，且股息率较高。目前市值约49亿港元，不足0.38倍市净率。

彩星集团（HK.00635）

彩星集团财务状况极佳，持有现金及银行存款13.17亿港元，而银行借款只有5.4亿港元，净现金超过7亿港元。另外，拥有账面值约57亿港元的投资物业（会每年重估，计算公允价值损益），租金收入稳定。

集团另外拥有彩星玩具（HK.00869）50.45%的股权。彩星玩具主推“忍者神龟”系列玩具，收益一直良好。

写作本书时，彩星的市值约20亿港元，市净率0.32倍，实属低估。另外，公司派息稳定，且持续不断地回购股票，显然值得留意。

恒隆地产(HK.00101)

恒隆一直是商业地产的标杆企业。作为高端商业地产的代表，其管理规范、盈利强劲、派息优厚。相信去过恒隆商业物业的投资者会印象深刻——陈启宗先生主笔的“致投资者信”，是投资者必读的内容。受商业地产下行影响，公司仅有约0.6倍市净率，股价处于历史低价附近。一旦商业地产回暖，恒隆地产相当值得期待。

天津发展(HK.00882)

写作本书时，公司股价约3.67港元，市值不足40亿港元，约0.38倍市净率。作为天津市国资委所属企业，63.1%的股份持有者为天津医药，实际控制人为天津政府。公司定位为一个综合企业，旗下有六大经营分部，包括公用事业、酒店、电子机械、酒、港口和电梯及扶手电梯。持有的优质资产包括天津港发展（HK. 03382）21. 2% 的股权及奥的斯电梯（中国）16. 5% 的股权。公司资产负债表强劲，呈现高净现金状态，且有可能与母公司天津医药交换资产，成为医药公司。

但是，尽管拥有良好的资产，该集团管理效率却还有待提高，期待在政府大力推进国企改革的背景下，可以激发效率、提升业绩。

中外运航运（HK. 00368）

公司主要从事干散货运输及油品运输，受国际航运市场总体低迷、市场环境恶劣影响，公司 2016 年上半年继续录得亏损。控股公司为中国外运长航集团，于 2015 年底整体并入招商局集团，公司将因此成为招商局集团的上市附属公司。重组后的招商局集团，下属上市公司众多，势必有整合的需要。

相比其他高负债率的亏损企业，公司财务状况极佳，账面净现金超过 5 亿美元。公司大概率会继续成为整合后的集团发展干散货运输的主力平台，相信会继续有重要资产注入。

写作本书时，公司市值不足 55 亿港元，市净率仅有 0. 35 倍，实属低估。一旦航运周期上行，公司有较大机会业绩股价出现“双击”。

保利置业集团（HK. 00119）

保利置业主业为地产开发、投资物业及物业管理。截至 2016 年中报，其地产开发共有 69 个处于不同阶段的项目，按建筑面积计算约 3680 万平方米。另外拥有高达 50 万平方米的投资物业，不少物业价值巨大，包括多个城市的标志性物业，如上海保利广场、上海证券大厦和北京保利大厦等，以及 133 个物业管理项目。相对其约 92 亿港元市值，0. 36 倍市净率而言，保利置业实属低估。

保利置业为央企保利集团在香港的地产上市平台，遗憾的是这个平台似乎没有发挥太大的作用，海外融资的能力非常有限。受限于香港《上市规则》中关于上市公司与其控股股东关联交易的规定，母公司难以为保利置业注入更多资本，而房地产开发行业本身是属于周期性、资金密集型行业，对融资能力要求很高。保利置业一直以来业绩差强人意，估值也很低。

参考当年复星集团私有化复地的案例，再加上与同门A股保利地产的同行业竞争关系，相信保利置业也有比较强的整合需求，整合是体现价值的最大的看点。

中远海运国际(HK. 00517)

公司核心业务主要围绕包括涂料生产及销售、船舶设备及备件供应、船舶贸易代理、船舶保险服务、船舶燃料及相关产品贸易和供应等5个板块。自上市以来持续分红，分红率令人满意。

公司原名中远国际控股，按中远集团统一部署，改为“中远海运国际(香港)”。公司未来专注于将“航运服务产业集群”打造成为既能为船舶运输提供有力服务保障，又具备独立利润增长点的产业集群。联想到原控股中远（集团）总公司与中国海运（集团）总公司实施重组为中国远洋海运集团，整合完毕后估计将会开展下属公司相关业务板块资产整合事项。

虽然2016年上半年国际航运业市场不景气，行业持续低迷，受此影响公司盈利持续下降，但是公司手握重金，2015年财报显示，账面拥有净现金逾62.24亿元，远超市值。手握重金，加之集团资产整合的背景，具有一定的想象空间。

写作本书时公司市值不足53亿港元，市净率0.71倍，实属低估。

英皇娱乐酒店(HK. 00296)

写作本书时，英皇娱乐酒店市值约25亿港元，约0.74倍市净率。公司手头净现金高达28亿港元，超过市值，且公司自2006年以来持续派息。公司主营业务包含博彩、酒店餐饮及投资物业租赁等，现金流良好，但业绩受博彩行业下降及赴港旅游下降影响。整体看也是属于低估的公司。

虽然英皇过去有被认为运用财技圈钱的历史，但公司近几年持续派息，似乎已经“从良”，是否值得信任，还需投资者自行分辨。

廖创兴企业(HK. 00194)

写作本书时，公司市值不足 41 亿港元，仅约 0. 34 倍市净率。廖创兴企业属于投资者值得信赖的公司，自 2000 年以来派息从未中断，按目前 10. 80 港元的价格，股息率在 4% 左右。集团主要从事物业投资、物业发展和物业管理、酒店经营以及财务投资。目前有净现金约 4. 355 亿港元。集团持有的主要投资物业包括旺角弥敦道的创兴广场、中环德辅道中的创兴银行中心、德辅道西的创业商场和浅水湾道的富慧阁，此外，还有上海创兴金融中心，这是稳定而持续的盈利来源。集团另外的重要资产还包括发展中物业和待出售物业，账面值高达 21 亿港元，以及持有总值 7. 05 亿港元的证券投资组合（按公司 2015 年财报），是一个比较显著的低估型公司。

其实，在香港市场上，类似的公司非常多。投资这样的公司，核心是要有足够的耐心，要仔细阅读公司的财报，积极挖掘公司的真正价值，买入后等待价值被市场发现，从而实现价格的回归。

第九章　周期与困境反转型公司

投资周期或困境反转型的公司，属于典型的逆向投资策略。这个领域最有名的投资大师莫过于约翰·邓普顿爵士，被誉为“全球最具有投资智慧”以及“最受尊崇”的投资者之一。《福布斯》杂志称他为“全球投资之父”及“历史上最成功的基金经理之一”。对于投资周期与困境反转型公司，他有深刻的理解：“前景越暗淡、回报越丰厚，前提是这个前景发生了逆转。当笼罩股市上空的情绪发生变化时，你在股市上就能获得非同一般的回报。”

第一节　如何选择公司

市场有周期，经济有周期，公司有周期，周期是市场永恒的东西，也是投资者最需要了解的东西。市场上多数公司或多或少都具备一定的周期属性，因此，如能加深对周期的理解，在适当的时机与合适的价格介入，往往可以获取超额收益。

有意投资周期型公司的投资者，首先必须了解周期的特点与行业属性。一般周期性行业是指和国内或国际经济波动相关性较强的行业，具体可划分为消费类周期性行业和工业类周期性行业。工业类周期性行业包括航运、钢铁、水泥、煤炭、电力、工程机械、港口及有色金属、石油化工等，而消费类包括房产、银行、证券、保险、汽车、航空等。消费类周期性行业兼具周期性行业、消费行业特性，有时候会呈现出一定的弱周期性，因此这类消费周期行业的公司也是属于较佳的投资选择。

至于困境反转型公司，则可能是那种受行业周期影响的公司，也可能是另一种阶段性的经营失误而受到严重打击，业绩大幅下降，甚至面临经营困境的公司。一家管理不善的周期性公司，如再遭遇行业不景气，完全可能处于濒临破产的困境，股价就可能一泻千里。陷入困境中的企业一旦有迹象可以摆脱困境，股价则会迅速上涨。对于投资困境中的企业，著名投资人彼得·林奇的论述最为精彩，建议投资者不妨去看看他的书，如《战胜华尔街》《彼得·林奇的成功投资》等。

周期性行业或困境反转型公司的选择要点有下述两个方面。

第一，选择财务最佳的公司。高负债率的周期性公司往往很危险，碰到行业景气，业绩由于财务高杠杆的作用，ROE 可能显得非常高，但若面临行业下行，而公司没有及时掉头及清杠杆，可能短时间就会陷入困境。而财务较佳的公司，抗风险能力更强，生存的概率也大。所以在行业低谷时，选择财务较佳的公司会有较大概率看到公司反转。

投资周期性公司，首要问题就是衡量公司的资产负债表是否稳健到足以抵御周期的低迷时期。

第二，选择核心竞争力最强或护城河最宽的公司。除了选择财务较佳、负债率低的公司外，公司在行业内的竞争力也是一个关键，这种竞争力往往体现在公司有更高的管理效率、更低的产品成本、相对同业更高的毛利率以及自身某些独特的专有、专利技术。

只有能扛过周期不至倒塌的公司，才可能迎来股价的反转。

第二节　案例分析

周期可能是 U 形，也可能是 V 形，判断错了则可能是 L 形了，困境反转型公司同样如此。投资这类公司，最大的**问题在于对周期性公司介入时**

机和价格的判定上。要知道，公司的业绩周期拐点一般与股价是不同步的，大多数时候股价先于业绩拐点反转，这个时间可能3～8个月不等。如果过早买入或买在“半山腰”，买入之后还要承受股价继续下跌的心理考验，包括相当一段时期的时间成本。

投资周期性或困境反转型企业的难点在于把握买入时机，以典型的周期行业——有色金属黄金行业为例，图9－1是国际金价自2011年10月开始到2016年10月底的月K线价格走势图。

图9－1 2011年10月—2016年10月国际金价月K线

黄金行业上市公司龙头企业，紫金矿业H股（HK. 02899）、内地A股（SH. 601899），相应时间的股价月K线走势如图9－2、图9－3所示。

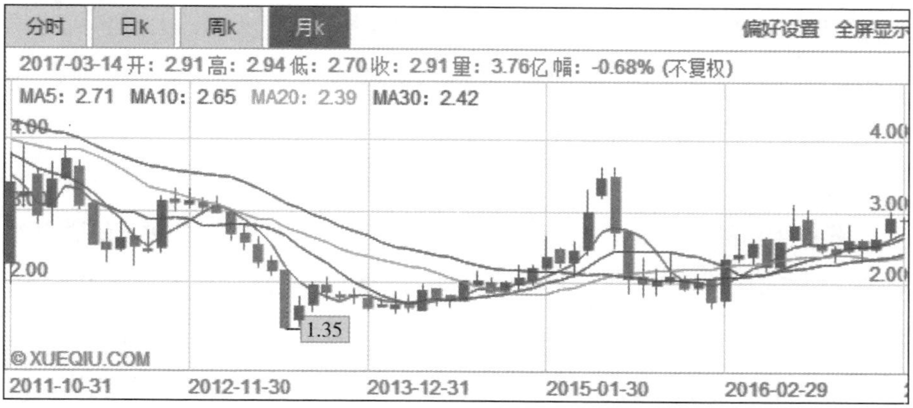

图9－2 2011年5月—2016年10月紫金矿业H股月K线

图 9-3　2011 年 5 月—2016 年 10 月紫金矿业 A 股月 K 线

周期性行业最显著的特征就是产品的价格波动。从图 9-1 可以看出，金价真正开始持续下跌是从 2012 年 10 月开始，2015 年 12 月基本到底后逐步反弹。而紫金矿业 H 股的股价则从 2010 年就开始逐步走弱，在 2013 年 7 月到最低点；A 股则是 2014 年 7 月到底后大幅反弹，股价与金价走势并不同步。但股价基本走在行业下行及底部反转的前头。

在著名投资家彼得·林奇的大作《战胜华尔街》第 15 章中，对周期性公司的投资有一段精彩的描述："对大多数股票而言低市盈率是好事，但周期性股票并非如此。如果周期性公司的市盈率开始变得很低，那么这很可能是一个标志，预示着他们已经接近高潮的尾声。粗心大意者可能浑然不觉而继续持有股票，因为公司经营运转依然良好，公司收入依然不菲，但是这种情况马上就会改变。聪明的投资者已经开始卖出股票以避免大跌风险。"

周期性公司一般无法通过像长期持有非周期或弱周期企业来获取超额收益，因为总是会频繁地坐过山车，所以对投资者的交易技巧要求更高。对于大多数股票来说，高市盈率是坏事，因为这往往意味着目标公司估值过高，如果没有高速成长，收益率将会很平庸。但是，对于周期性公司反而可能意味着处于低谷时期，是不错的介入时机。所以低 PB、高 PE 一般是周期性企业买入的时机，而高 PB、低 PE 则是卖出时机。

周期性与困境反转的投资策略难度较高，其更类似于一种预期性质的游戏，相当多的投资者往往会过早买入，但又无法忍受股价的长时间不涨甚至下跌，而在黎明前卖出。所以，笔者认为这一策略不适合初学者。如果没有相关行业的工作经验，踏不准它的节奏，投资这类周期性公司是相当危险的。

第十章　低风险要约套利策略

有人认为套利交易很神秘，难以掌握；也有人认为这是蝇头小利，不值得参与。实际上，套利是一门大学问，也是一种比较高级的交易技巧。熟练地掌握套利策略，可以以相对较低的风险，获取较高的投资收益。

套利覆盖的范围太广，本章主要侧重于分析股票交易的套利行为。

第一节　要约套利分析

资本市场丰富多样的交易活动为套利投资者提供了肥沃的土壤，市场上的大多数投资品种，如股票、债券、黄金、原油甚至地产等，都存在一定的套利机会，甚至可进行跨市场套利。套利活动属于典型的事件驱动性投资，所以，如果市场一切太平，那就没有套利投资者的生存空间了。尽管套利的类型五花八门，但实际上所有的套利都围绕着可能的价差展开，获取价差是套利策略的核心。

要约套利，获利主要来源于市场上经常出现的要约收购，因此也是存在风险的。最大的风险就是要约收购失败、市场形势发生变化。股票套利策略中，最怕的是本意是套利，最后套成了“长期股东”。因此，在套利活动中，最需要注重的是风险分析。要考虑一旦套利失败，会有多大的损失，是否能够承受这种损失。要约套利策略本身需要重点关注与分析四个要素：套利成功的可能性、潜在获利幅度测算、套利失败的可能损失、时间成本。

不是所有的要约交易都会成功，要约过程本身存在很多的不确定性。多数不确定性并非投资者自身能掌控的，如在并购过程中不能通过股东大会投票、政府反垄断审查，无法通过外汇额度申请等。典型失败的例子有2009年可口可乐收购汇源果汁（HK. 01886），最后没有通过中华人民共和国商务部的反垄断审查，复牌后股价大跌；2014年新世界发展（HK. 00017）私有化新世界中国（HK. 00917），在“数人头”阶段遭遇滑铁卢。

对计划参与的要约套利的潜在获利幅度测算也是比较重要的，需要评估经过风险分析后的收益率，来决定是否参与要约套利。一般而言，较低风险、较高确定性的要约套利活动更值得参与，或者可以等待信息的进一步明朗。

即使胜算很大，但套利失败的可能性仍然存在，所以需要更多地考虑一旦套利失败，可能的损失程度。因此投资者需要更多地关注上市公司本身，也就是没有任何事件驱动，企业本身已经足够低估，即使失败，股价下跌引起的损失也在可控范围之内。很多人在做要约私有化套利的时候，首先想到的是成功之后会怎么样，股价会如何表现，获利有多么丰厚，而较少考虑要约失败造成的损失。要知道，一旦要约收购的某个环节的驱动因素消失，那亏损也就在所难免了。

另外，需要重点考虑时间成本，有的大型收购时间可能会拉得比较长，如2015年9月A股上市公司广汇汽车发布公告，计划收购宝信汽车（HK. 01293），至2016年9月收购完成，历时整整一年有余。所以，选择何时介入，也是需要着重考虑的一个因素。

第二节　要约套利案例

香港市场中通过股票交易方式的低风险套利主要有：部分要约收购套利、私有化退市套利及换股套利三种类型，另外还有A、H两地价差套利这种简易类型。实施套利这种策略，要求投资者自身具备较高的信息收集与数据分析能力。一般在比较低迷的行情及市场估值较低的时间段，会有更多的要约交易活动发生。笔者以近期发生的要约事件为例，分析如何进行要约套利。

部分要约收购套利：A股广汇汽车（SH.600297）部分要约收购宝信汽车（HK.01293）

要约过程

（1）2015年9月16日，宝信汽车公告接获正在A股停牌的广汇汽车发出的收购意向，声明指出，可能以现金收购公司股份，并已支付5000万元可退还诚意金，但仍处于磋商初级阶段，尚未达成任何条款。

（2）2015年12月7日（星期一），股票停牌，11日发布3季度业绩，并与广汇汽车联合公告“广汇汽车之上交所重大资产购买报告书草案”，明确了广汇汽车的要约收购方案：向宝信汽车股东以每股5.99港元收购最多75%的股权。

（3）2015年12月15日复牌，随后逐步公告一系列交易条件的逐条落实。

（4）2016年5月26日盘后公告，要约先决条件获满足，要约基本成行。

（5）2016年6月21日盘后发布停牌公告，开始履行要约手续，至9月21日复牌。

整个要约从发布意向公告至完成要约，历时一年多，属于相对较长的要约收购，主要原因在于，需要同时取得两个上市公司各自相关股东及政府监管部门的批准。

风险因素

按照公告所示，广汇汽车收购宝信汽车的主要目的是做大做强，提升其在A股的估值水平，并且属于同业收购，两者具有较好的协同效应，因此从收购者角度分析，具有较大的动力促进收购的完成。要约能否成立的主要风险环节在于，需要外汇管理局的审批，因为收购的代价高达 100 多亿港元，是否能通过审批很难判定。

所以，本次要约套利最大的风险在于，过早介入有可能要承担要约收购失败、股价较大幅度下跌的风险。因此，投资者必须逐步跟踪，选择相对比较确定的时机介入。

套利分析

（1）2015 年 9 月 16 日复牌后股价大升，不过处于要约前期阶段，不确定性较强，此时参与带有较多投机成分。

（2）2015 年 12 月 11 日公布具体要约方案前，应该有“春江鸭”，停牌前股价大升，复牌后继续大涨，收于 5. 08 港元，从最低 2. 10 港元起算，3 个月上涨了 150%。此时虽然确定性大增，但价格已经处于高位，套利的收益一般。

（3）前期获利盘逐步套现，股票下跌，但随着收购先决条件逐步落实，确定性增加，**开始出现明显的低风险套利机会，开始值得参与**。

（4）2016 年 5 月 26 日公布要约条件满足，要约成立，确定性极高，股价如有合适机会，完全值得参与。

收益测算

背景资料：宝信汽车于 2011 年底上市，当时招股价每股 8. 5 港元，上市后股价最高见 10. 12 港元。2015 年公司业绩出现较大降幅，全年盈利大幅下挫 69% 至 2. 2 亿人民币，每股纯利约 0. 1 港元。业绩公布后，各大投行纷纷调低宝信 2016 年盈利预测，当中最悲观的应是摩根大通，估计 2016 年每股纯利约 0. 21 港元。

收益测算：利用参数假设的估值模型倒推宝信的合理估值，即什么样的价格值得参与要约套利。要计算宝信目前的合理估值，最大的假设参数是判断要约后宝信的合理股价范围。我们分别以市盈率水平、净资产水平及同行业企业估值三种方式来测算宝信要约收购后的合理价格。（1）按最悲观的估计，每股收益 0. 21 港元，汽车后服务业前景良好，10 倍 PE 较为合理，股价大约2.1港元；（2）每股2.25港元账面资产，按1倍净资产估值约2.25港元；（3）同行业的中升控股、永达汽车、和谐汽车及润东汽车等，估值在8～15倍市盈率之间，考虑行业前景，宝信的业绩稍微比大摩的预测乐观些，给予0.25港元，还是按10倍市盈率计算，股价约2.5港元。最终宝信可能合理的价格如表10－1所示。

表10－1　宝信的合理估值

单位：港元

	悲观	中性	偏乐观
75%要约	2.1	2.25	2.5
测算合理价格	5.02	5.06	5.12

另外，部分现金要约最终的接纳水平有可能大于75%，原因可能是有些股东不知如何操作接受要约、忘记接受要约等。参考以前越秀集团收购创兴银行（HK.01111）的75%自愿现金要约，最终的要约接纳水平高达76.9%。所有多出来的要约对参与的投资者可以说是一个额外的惊喜。

事实上，宝信后来披露的业绩相对其他同行，如永达汽车、中升控股等，竟然是下滑的，所以业绩的判断只是一个估计，结合公司的负债水平、盈利能力，用净资产来对比估值应该更好些。

套利结果

如果在5月26日落实要约之前参与，当时股价一度在4.4港元附近徘徊，套利收益在14%～17%之间，年化超过40%，但风险略高。

如能在5月26日要约落实之后，抓住停牌前两天股价的突然下跌，收益则更高。要约完成复牌首日，股价在2.20～2.99港元之间，收益明显高于测算，说明测算还是偏保守了。

私有化退市套利：万达商业（HK.03699）

要约过程

（1）2016年3月30日晚间，公司发布关于“控股股东计划收购本公司的全部已发行H股之可能进行的自愿全面收购要约”的公告，价格不低于48港元。

（2）2016年5月30日发布公告，私有化收购报价最终为每股52.8港元，比原先计划的48港元提价10%。

（3）2016年9月13日，公司股票停牌，发布公告，要约成立，公司计划于20日从香港联交所股票交易市场除牌。

整个要约从发布意向公告至完成不到半年时间，属于相对顺利的私有化要约。

套利分析

首次发布计划私有化公告后，股价复牌收盘于45.95港元，与公告发布的要约价比较，虽然仅有4.3%的获利空间，但是公告表述为不低于48港元且可能会提升要约价格，意味着有很大可能的加价空间。另外，很多投资者还忽略了48港元的要约价不包含1.05元人民币的末期股息，因此，如果加上可能的提价，获利的空间在12%以上。

以“首富”的影响来看，应该有比较大的决心私有化回归A股上市，以获取更高的估值。且万达商业为内地注册的公司，私有化程序较为简单，获利的空间也相对可观，属于相对较低风险、比较值得参与的套利。

风险因素

万达商业私有化要约不确定性因素较少，只需股东大会通过即可。私有化作价为52.8港元，作价合理，为2016年及2017年预期市盈率的11.7倍及9.9倍，对比其他内房股，包括龙头中海外（HK.00688）及华润置地（HK.01109），预期市盈率分别为7.5倍及8.2倍，私有化作价不算太低，因此股东大会通过的可能性比较大。且万达商业在港上市时间比较短，基本没在香港发可转债之类，没有更多的退市阻力。

投行对万达的估值，在2016年初，花旗给出的买入价位是81.50港元，野村证券给出的买入价是67.24港元，瑞士信贷给出的买入价是60港元，即使最低的美林给出的也是55港元。由此可见万达的估值在大行眼里并不算低。

主要风险是私有化被投反对票且数量达到规定的有效数而无法通过，

因为在事前几个持股的外资机构号称要投反对票，如持股比例近5%的第六大股东荷兰APG基金及第三大股东贝莱德认为私有化价格过低。但总体判断，他们应该是想促进私有化的报价提升。因为如果最终私有化失败，造成持股股价下跌，基金也将受损，两败俱伤。

退一步看，即使私有化不被通过，由于港股气氛相对较好，深港通计划推出，推动北上资金进一步南下，股价下跌的幅度应该相对有限，估计最多下试到公布私有化前约38港元水平。整体看，市盈率不足5倍，市净率不足1倍，2015年每股业绩6.62港元，每股分红1.05元人民币，股息率达到3.07%，公司发展前景良好，即使长期持有或者等待后续的再次私有化也未尝不可。

综合上述风险分析，万达商业的私有化过程风险相对较小，值得参与。

收益测算

背景资料：万达商业于2014年12月在香港主板上市，IPO价格48港元，股价最高到78港元，此后一路下跌至2016年2月底，最低31.1港元。

公告后的首个交易日开盘46.80港元，收盘45.95港元，最低45.3港元。以收盘价计算有4.5%的获利空间，另外考虑可能加价，估计收益在5%左右，同时将1.05元人民币末期的股息计算在内，套利隐含的收益可能在12%以上。一般这种较为简单的私有化套利最多半年可以完成，所以年化收益大概25%左右。

套利结果

提价10%后，52.8港元为最终要约私有化价格，比预想的5%要多，以复牌首日45.95港元买入，加上末期股息收取，收益率达17.5%。2016年9月底万达完成私有化，不到半年时间，年化高达35%收益，非常可观。

要约部分收购及完全私有化的案例有很多，如TCL通讯、天大石油管材、匹克体育、恒盛地产、神州数码、国际精密、物美商业、中铝矿业国际等，每一个要约交易活动中都可能带来一定的套利机会。但是，运用这个套利策略之前，投资者需要做好信息收集与分析的工作，加强对风险的识别，另外选择参与时机也是提高收益的一个重要因素。

换股要约套利：丰盛控股（HK.00607）换股收购中国高速传动（HK.00658）

要约过程

2016 年 9 月 12 日，中国高速传动停牌；19 日，丰盛控股及中国高速传动发布联合公告，丰盛子公司作为要约人向中国高速传动董事会建议，提出自愿有条件股份交换要约，以收购中国高速传动全部已发行股份，每 2 股受要约人股份获发 5 股丰盛股份，丰盛将发行至多 37.2 亿股新股，占公布日期已发行丰盛股份约 23.41%。基于每股受要约人股份的指定价值为 10.95 港元，要约估值为 162.80 亿港元。

套利分析

背景资料：丰盛控股前称为“汇多利集团”，主业为生产家居电器用品。2007 年 5 月 14 日于开市前遭证监会勒令停牌，后经一系列资本运作，于 2013 年 12 月成功复牌，股权高度集中。2015 年初，更是引入中国华融（中国资产规模最大的国有金融资产管理公司之一）作为其第二大股东，股价持续上升，短时间创下高升幅，甚至连港股的“股王”腾讯都相比汗颜。

丰盛业务遍及新能源、房地产、医疗保健和旅游业务，是一个综合企业。香港市场对综合型企业一般都有估值折扣，但诡异的是丰盛现在估值接近 10 倍市帐率，且盈利大部分来自金融资产之公允值变动，实业支撑甚少，不能支撑如此高的估值，而其股价长期保持高位，最大的可能是股权高度集中，容易受到操控。

被要约公司中国高速传动主要从事研究、设计、开发、制造及分销广泛应用于风力发电及工业用途的多种机械传动设备。2015 年，该公司净利润为 10.33 亿人民币，同比增加 395.7%。要约公布前股价已经持续上涨，市值约 122 亿港元，离要约估值还有 33% 的空间。

是泡沫就会破灭，如果丰盛一直保持如此虚高的估值，终有一天股价是会崩溃的，相信背后的操盘者比我们更明白，而要充实虚高的估值，最好的方法就是通过发行高价股票来收购实业，这样即使股价爆了，也不至于完全崩盘。而在收购完成一系列相关实业之前，相信股价有较大概率继续得到支撑。

要约公布后，股价短期上涨到 9.40 港元高位，后逐步回落到 8 港元附近，有一定的套利想象空间，可以少量参与。

收益测算

如果丰盛的股价波动不大，中国高速传动股价在 8 港元附近，建议 9.5 港元之前离场，获得 10% 左右的空间，不可过于贪心。

套利结果

高速传动的股价在要约期内最高曾上涨到 10.50 港元，高于保守测算的 9.50 港元离场的区间，套利应该是比较成功的。

风险因素

如果 A 公司要约换股收购 B 公司，一般 B 公司是比较好的套利对象。所以要约换股套利活动中，最大的风险在于要约公司 A 的股价波动。虽然投资者不一定最终去换股，可以在换股前卖掉获取收益，但如果 A 公司的股价短期向下跌幅较大，仍然能够给投资者带来一定的损失。

上述例子中，作为收购要约的 A 公司丰盛控股，虽然没有证据显示是庄股公司，但股价受到控盘的可能性极高，且不是现金收购。因此，如果一直持有到换股，新发行的股份上市，股价极可能有较大跌幅。虽然不一定崩盘，但风险仍然不可控。

因此，这个换股套利需要注意两点风险，其一是换股前需要关注丰盛的股价波动，其二是避免持有到换股上市。

A、H价差换股套利

不同于上述几种套利类型，这是一种跨市场套利，利用不同市场对同一公司较大差别的估值，以及根据统计结果可能的估值回归进行套利。

套利的基础来源

在内地股市和香港股市中，有一类特殊群体——A+H股。2007年7月9日，恒指服务公司推出恒生AH系列指数，以帮助投资者掌握同时在A股市场及H股市场上市公司的表现。AH股溢价指数让越来越多的投资者认识到，在香港和内地同一企业的估值水平差距之大，而某些时候这样的**估值却是可以拉近甚至逆转**的，这就是A、H价差换股套利的核心基础来源。

A、H股价差形成的原因莫衷一是，归纳起来，大概有以下4点原因：

(1) 投资者结构与资金来源差异；

(2) 市场环境迥异，利率水平、资本管制等存在较大差异；

(3) 市场的交易机制差别，尤其是香港市场存在大量的做空机制；

(4) A、H股之间缺乏套利机制，未有合适的互联互通机制。

以上这些因素共同决定了两地上市公司同股不同价的格局，一方面提供了价差套利的来源，但另一方面也产生了套利风险。

套利操作的参考指标

跨市场价差套利的风险在于需要相信统计数据，用数据的回溯来支撑套利是可行的策略，而所有的统计都有可能是有缺陷的，因此无法完全消除不确定性的风险。

另外的风险在于，价差短期内不一定会缩小，甚至可能继续扩大。而且价差持续的时间是个不确定性因素，甚至有可能很长时间都无法抹平价差，投资者有可能付出一定的时间成本，同时选择多大的价差进行套利也是个难题。

该策略的核心指标是AH溢价指数。恒生AH股溢价指数是由香港恒生指数服务公司于2007年7月9日正式对外发布，该指数追踪在内地和香港同时上市的股票的价格差异。恒生 AH 股溢价指数根据纳入指数计算的成份股的 A 股及 H 股的流通市值，计算出 A 股相对 H 股的加权平均溢价（或折让）。指数越高，代表 A 股相对 H 股越贵（溢价越高）；反之，指数越低，代表 A 股相对 H 股越便宜。指数的成份股查询见香港恒生指数网站。我们先看图 10－1 所示的“恒生 AH 股溢价指数 HSAHP”月 K 线历史走势。

图 10－1 恒生 AH 股溢价指数 HSAHP 月 K 线

从图 10－1 可以看出，AH 溢价指数最高 189，最低 88，中值在 110 附近，是一个波动的曲线，显示指数所代表的全体成份股相对 A 股有时候折价，有时候溢价。

因此，此种策略从上述统计图来看是可行的，但是为了进一步减少该策略的不确定性，仍然需要优中选优。综合对比整体 A、H 上市公司，银行业是一个比较不错的套利对象，核心就在于银行业除了 AH 溢价指数作为参考外，**还有一个重要的参考基础——股息率**。银行的股息是比较稳定的，而股息率不但从某种程度上可以抵消付出的时间成本，另外价格差导致股息高低不同，也是促进 AH 溢价缩小的一个重要因素。

案例分析：招商银行

笔者以招商银行 AH 溢价曲线为例，来说明同一公司 AH 跨市场套利的可行性。图 10－2 为招行 AH 溢价率走势，时间跨度为 2008—2016 年初。

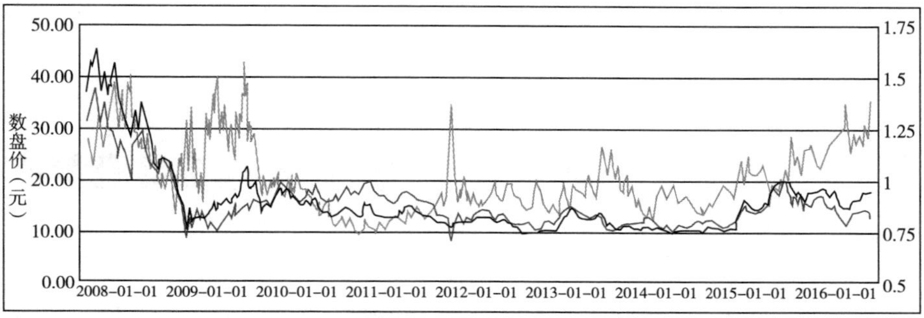

图 10－2　2008—2016 年初招商银行 AH 溢价

图 10－2 中，黑色曲线代表招商银行 A 股收盘价，深灰色为 H 股收盘价，浅灰色表示 AH 溢价率，可知 AH 溢价率在 0.75～1.5 之间，波动还是比较大的。这一案例中，套利策略要注意以下三点：

（1）时间跨度要拉长，基本以月计，需要足够的耐心；

（2）根据统计曲线，把溢价率均线稍微向下移动，在 0.9～1 之间换股效果会更好；

（3）可以按价差大小，几个银行组合套利。

虽然由于两个市场间的不同特性决定了同一家上市公司不能完全消除股价差异，但一个显著的利好是，沪港通、深港通为两地资本市场搭建了一个互通互联的桥梁。随着资金的逐步沉淀，未来一段时间内，某些稳定性的行业，如银行的价差将会逐步缩小。近期内地资金持续地通过港股通方式流入香港内银股，股价逐步走好，就是一个明证。

第十一章　壳资源与重组股策略

首先要强调，**这是一个偏门**，对于多数投资新人，当台下的看客比亲自上舞台表演更加合适。但对于少数善于剑走偏锋、乐于挖掘投资乐趣的投资者，这也是一个考验投资功力的策略。**另外需要强调的是，这类公司多数时候的流动性都非常差，容纳不了大资金**。笔者甚少采用这个策略，除非发现有相对确定性的机会。

为什么会有壳

主要是因为很多企业有上市的目的，而这些企业很多时候因为时间因素、本身质地因素等，无法通过正常渠道快速取得上市地位，所以需要买壳，借壳上市。在交易所 IPO 首发上市的公司都是需要审查的。如果一家公司想上市，但是自身又不符合上市标准，或者上市需要等待的时间比较长，那么这家公司就可能去寻求控制一家上市公司，也就是说换个“马甲”，这样原来不符合上市标准的公司就可以变相上市了。这个“马甲”就是所谓的壳。借壳上市省力、省钱又省时间，何乐而不为？

内地市场 IPO 排队太久，借壳涉及重大资产重组被严管，注册制尚无定期，在这样的背景下，近年来，中资公司赴港买壳成风，越来越多壳股股价大起大落，引起监管部门关注。据某投行人士介绍：“香港上市平台的吸引力仍然非常大，一个是程序相对简单，由于市场化程度较高，如果只是买壳，拿到上市公司控股权，到交割完毕半年就可以搞定；二是行政管控相对较少，而且其与国际资本市场结合度很高，为公司规范发展及未来利用国际资源提供了条件。”这也是香港市场壳资源公司的吸引力所在。

香港的壳资源现状

壳股绝对是香港市场一大特色资源，运作得好，股价短期内可能暴涨，因为通过各种概念宣传，投资者往往以为公司将会乌鸡变凤凰。综合来看，香港证券市场壳资源主要具有以下特征：

（1）市值都相对较小，一般在 3 亿～8 亿港元之间，当然有大的壳，但那多数都是为大型公司准备的；

（2）公司经营不善，没有盈利强劲的主营业务；

（3）创始人年纪大，二代不愿接班，有卖壳欲望；

（4）壳本身较干净，资产较为清晰，历史没有污点。

各种各样的公司都有买壳的可能，甚至有一些是市场上很知名的公司。例如，2012 年，万科 A 全资子公司万科置业香港有限公司曾拿下香港上市的南联地产 73.91% 的股份，然后改名为万科置业海外（HK.01036）。不少投资者认为它将是万科设置在香港的主要平台，后来万科 B 转 H 方案获得内地监管层批准，从而实现自身在香港的上市，才使这个收购平台暂时搁置，独立发展。但由于万科强大的企业影响力以及所拥有的资源与产业，这个平台仍然一直被认为可能会注入其他资产，如物业管理等，投资者仍然对此充满期待。

例如，招商地产收购了港股公司东力实业并改名为招商局置地（HK.00978）。2013 年，招商地产曾通过该海外融资平台完成 5 亿美元债券的发行。大连万达也曾收购一家香港主板公司——恒力商业地产有限公司 65% 的股份。此前，还有多家内地房产公司通过在香港买壳上市，如朗诗集团、广泽集团、宇业集团等。最近的例子有光启科学（HK.00439）

借壳英法国际，其最高市值曾超过150亿港元，而一年多前其市值仅8亿港元，股价曾在半年内上涨了21倍，被媒体评为“香港2014年最牛股票”。

买壳的风潮中也不乏互联网企业。例如，马斯葛集团（HK.00439）近期公告，称已分别于2015年6月15日及18日与腾讯控股、恒大地产订立新股认购协议，腾讯与恒大以7.5亿港元认购新股，占认购完成后公司已发行股本75%，成为两大股东，并将导致公司控制权发生变化，可谓互联网巨头和地产大鳄联合买壳。此外，2014年，阿里巴巴曾先后买下中信21世纪和文化中国两家香港上市公司，作为其健康和影视平台，现分别改名为阿里健康（HK.00241）、市值420亿港元，阿里影业（HK.01060）、市值约490亿港元。

类似的例子还有很多……

由于香港市场化程度较高，壳费用也相对便宜（和A股比较），随着2015年下半年以来借壳案例的增多，港股市场壳费用有水涨船高的迹象，但总体变化不大，依然在2亿到5亿港元之间。但A股市场的价格则普遍高出很多，可能最低的壳价都要30亿人民币起步了。

港股炒壳的风险

炒作壳资源风险也是很高的，主要体现在四个方面。

（1）如果借壳的公司本身知名度不高，而壳又是港股一家小公司，可能都不会引起市场的关注。所以有些公司即使借壳成功，股价也可能波澜不惊。关键还是要看收购壳公司的背后公司是否有足够的知名度与影响力。

（2）参与壳资源炒作很多时候也会碰到收购失败的风险。根据香港的并购条例，一旦项目公司大股东收购壳公司股份超过30%，即触发全面要约条款，必须要向公司所有股东发起全面要约，而这种要约失败的可能性颇大。

（3）上市规则对反收购行动的条文规定：“当上市公司进行非常重大收购，又或者进行一连串资产收购，导致公司控制权出现变动；又或者公司在股权易手后24个月内，进行非常重大收购，则会**被视为反收购行动，并将被视为新上市处理**。”由于不能迅速地在买壳后注入资产，因此很多壳股都是收购前上涨，收购完成后反而持续下跌。

（4）根据新的监管规则，香港上市公司要保持上市地位，要有真实业务，**不能是纯现金公司**。因此，要尽量避免被认为是现金公司而停牌。所以，除非买家能在短时间内注入资本开展新业务或在前期协助壳公司恢复，否则可能面对无法复牌的风险。

在香港买壳和借壳是两个概念，收购上市公司控股权是买壳，反向收购才是借壳，要受到和IPO一样严格的监管。

笔者曾经跟踪过一些个股，也部分参与了几个有潜在重组或卖壳可能的公司，但最终放弃了，主要原因在于没有时间追踪，且不符合自身的投资理念。

“壳资源”这个炒作概念，在内地证券市场也是很热门，甚至可以说是一种高收益低风险、几乎不败的策略了，核心原因是内地几乎没有退市制度。而港股市场的壳资源风险则要大许多，因为很多时候当小型上市公司资产及业务发生重大变化时，往往出现信息不对称的情况，股价大幅波动，并有部分交易关联人士透过内幕消息赚取利润。

这种投资策略要求投资者“道行”比较深，也有一定的运气成分，因此初入港股的投资者不宜采用。这种类型的公司一般都涉及财技的运用，虽然玩财技不是正道，但也不违法。“在香港买壳是合法的，只要有钱。”投资者计划参与炒作壳资源时，必须非常熟悉市场规则与资本的玩法，然后耐心守株待兔。

第三部分　风险识别与应对

风险无处不在，且有很多种类。有些风险是投资者无法把控的，如黑天鹅事件、重大灾害等不可抗力事件；有些风险则可以事先识别并通过适当防范措施而减小或避免。投资者应了解风险、识别风险，并采取适当措施应对风险。

本部分针对香港市场的特点，重点与读者分享投资港股过程中，应重点关注的风险点，以及防范措施。

第十二章　风险识别

投资的时间长河里，比的是谁犯错更少，谁承受的风险更低。风险有很多种类型，有的是系统性、客观的风险，投资者面对这样的风险仅能被动应对；而有些风险则可以从主观上主动采取相应的措施，尽量避免或减少。本章主要介绍投资港股的相关风险。

第一节　了解风险

风险事实上也是一种概率事件，是投资中无法绕过的一个坎，风险无处不在。因此，投资者为了获取可持续的长期收益，必须把握风险，将每一次遇到的风险谨记于心。

投资中唯一能确定的就是不确定性，而不确定性即意味着风险。

所谓风险，是指在某一特定环境下，在某一特定时间段内，某种损失发生的可能性。风险可能发生也可能不发生，一旦发生必然造成损失。损失的程度取决于风险的大小，对风险采取的防范措施取决于风险发生的概率。有些风险是不能或很难防范的，有些则可以采取相关措施防范或对冲掉。风险的这种定义完全适用于投资世界，港股或者说股票市场中的风险尤其多，作为计划长期投资于证券市场的投资者，应具备识别风险的能力，并能够采取有效的风险应对措施，才可以长期生存。

通过上述风险定义，可以很容易理解风险的几个特点。

风险发生在特定的环境或时间段内

只有在投资者参与投资的环境或时间段内发生的风险才具有实质性意义，否则，对于风险，我们就只是看客。例如，当投资者投资一家公司时，公司突然遭遇某些反垄断审查或倾销指控，造成主要业务在审查或指控这个时间段内面临一定的风险；或者当我们投资一只信用评级很高的债券时，相关债券可能会因市场整体利率变化而下跌。因此，风险的发生是有特定的环境与时间段的。

风险的发生会造成破坏

对于不会造成损失的事件我们不称之为风险，还是以上面投资某公司为例，突然传闻公司某高管私生活不检点，但这对公司主营几乎没有破坏影响，就不是风险；而上述的反垄断审查或倾销指控，如果一旦成立，将确实给公司造成损失，那这就是真正的风险。

风险是一种概率事件

风险可能发生也可能不发生，例如上面的例子，当投资的某公司遭遇反垄断审查或倾销指控时，在最终的裁定结果出来前，可能会发生也可能不会发生，是一种概率事件。概率的大小取决于风险发生的主体与促发风险的要素之间的博弈。在上述反垄断审查或倾销指控的例子中，如果相关公司能够积极应诉，则有可能避免风险发生。

投资者只有在充分了解风险的基础上，才能进一步对风险进行识别和评估，从而做出适当的应对措施。

第二节　识别风险

风险的类别是多种多样的，不同的投资品种，投资者面临的风险是不同的，如股票、债券、黄金与大宗商品期货等，风险点是完全不一样的。本节主要侧重于港股市场股票投资方面的风险。泛泛而言，港股投资的风险大概可以归类为七种，逐一介绍如下。

汇率风险

由于港币实行挂钩美元的联系汇率制度，因此美元兑人民币的波动同时也造就了港币对人民币的兑换波动。投资者用人民币兑换港币，一旦遇到人民币突然大幅波动的情况，则短期内会面临汇率的风险。但总体而言，如果投资的是内地在港的上市公司，由于业务以人民币衡量，并不影响投资目标公司的估值。如果投资者计划长期持有，这种风险实际是中性的；但对短期交易而言，人民币的升值可能是一种利空，因为需要更多的港币来兑回人民币，会发生汇率风险；反之，如果人民币贬值则属利好，例如目前人民币对美元贬值的情况下，即使股价不变，从汇率上而言，以港币买入的资产以人民币计价实际上涨了，这个类似企业财报的会计游戏。

另一方面，如果上市公司的资产分布在世界各地，或者说上市公司本身就是外籍来港上市的公司，很显然，汇率是一种实实在在的风险，因为不仅包含了港币兑人民币，甚至是各种外币兑美元、人民币的风险。

系统性与整体性的估值风险

系统性的风险是市场整体或我们投资的某一行业、指数整体性的高估值风险。对于这类整体性的风险，最有效的是用市场整体的市盈率与市净率的估值水平与历史比较，下文主要以 PE（市盈率）和 PB（市净率）来衡量估值的高低位。

市盈率即一段时间内股票价格与每股收益之比，是评判股票价格是否合理的一个重要参数。股票市场的平均市盈率作为一个比较宏观的技术指标，从整体上揭示了上市公司的估值水平和增长潜力，对于评价一个市场、一个行业的估值水平，具有重要的意义。

市盈率有动态市盈率与静态市盈率之分。动态市盈率是指还没有真正实现的下一年度的预测利润的市盈率，等于股票现价/未来每股收益的预测值；而静态市盈率就是股价与已经实现的年度业绩的比值。静态是过去的估值，而动态是一种对将来估值的预测。

具体到每个市场乃至一个市场的不同时期，股市平均市盈率到底多少才算合理，是由多种因素综合确定的。从欧美等成熟市场的情况看，影响市场整体市盈率水平的最重要的因素有两个：一是利率水平；二是经济增长情况。通常而言，市场的利率越高，则股票市场的估值越低；反之，如果利率较低，则可以给予较高的 PE 估值。关于我国股市市盈率的合理水平，一直是一个很有争议的问题，但一个显而易见的事实是，一直以来，A 股整体的估值水平要高于欧美成熟市场，尤其是深圳的中小板及创业板。

对于大盘蓝筹而言，以目前的低利率水平，一般成熟市场给予的估值中枢是 15 倍市盈率附近，如超过 20 倍以上，则明显是高估，低于 10 倍则具有很好的投资价值。而对于小盘股尤其是新兴行业的小公司，则很难有一个具体的标准。比如在欧美也有科网股的泡沫，中国的创业板目前则被称为“神创”。这些都是以市盈率来衡量估值水平的。

由于蓝筹公司在投资者的眼里通常属于比较稳定的，因此波动要小于小型公司。欧美及中国香港市场的蓝筹一般会享受所谓的稳定性及流动性溢价，即整体估值要高于小盘股票。以笔者的经验而言，无论在哪个国家或地区的市场，对于小盘股，整体性的估值超过 35 PE，都属于高风险区域。而目前的创业板公司基本都是 80 倍、上百倍、几百倍的估值，几十倍的 PB（市净率），笔者完全难以理解。

PB 也是一个很有用的指标，有时甚至会比市盈率更准确，因为它反映的是股价相对资产的比值。当市净率很高时，意味着大量公司以远高于净资产的价格交易，显然市场处于估值的高位，系统性的风险较大。

如果对比香港的小盘股公司，可以惊奇地发现，竟然存在大量跌破净资产或远低于 10 倍 PE 的公司，真是同一片天空下不同的世界啊。但无论如何，在一个整体高估的市场，投资者要想长期赚钱是很难的，因为大量参与者是在博弈而非投资。

估值体系差异与外围市场波动影响

不同的投资者结构、交易成本、交易制度、政治状况、股市发展历史等因素，会使各市场的整体估值水平存在显著差异。

对比目前的A股与港股市场，可以发现投资者结构存在很大的差异，如图12－1所示，香港市场机构投资者占据交易的主导地位，占比高达51%，远远高于个人投资者27%的水平。如果按地域分布划分，46%的海外投资者中，美国和英国的投资者仍然是中国香港现货市场的主力（占比54%）。

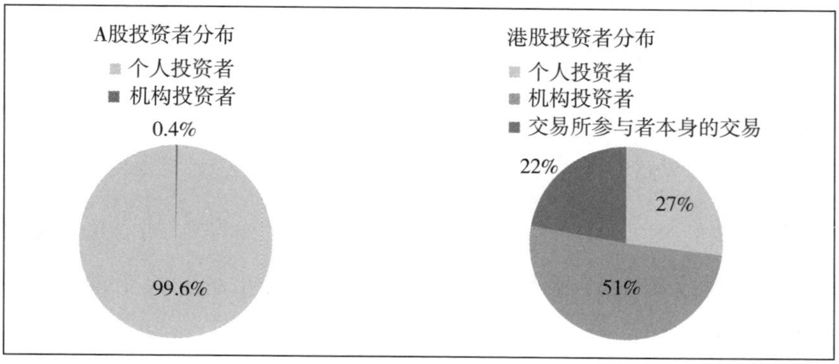

图12－1　A股与港股投资者结构分析

资料来源：choice、港交所网站、国都香港

由此可知，港股市场的定价必然以大机构为主，而港股大多数公司的研报也基本以国际机构及中国香港本地机构为主，以欧美等发达国家的观点来进行估值。虽然内地券商在港的机构逐渐多了起来，投资港股的内地投资者也逐步增多，但话语权的建立还是需要一个较长的时间。

另外，中国香港的资本市场是一个很开放的市场，世界各地的投资者都有，特别容易受外围市场尤其是美国市场的影响。当然，外围市场有好有坏，港股很多时候是跟随者，这个影响基本属于比较中性的。

但香港市场近期似乎有个跟跌多跟涨少的坏毛病。网络上曾有段子戏言："A股跌，A股跌，A股跌完，港股跌。美股跌，美股跌，美股跌完港股跌。欧股跌，欧股跌，欧股跌完港股跌。港股跌，港股跌，港股跌完继续跌。”

笔者认为，这主要是由于中国香港的资本市场开放，大型上市公司的股票流动性强，同时国际投资者居多，而中国香港市场只是这些大型机构投资者全球组合投资的一小部分，一旦他们的大本营出了问题，港股都是首先被牺牲和放弃的一个，资本会迅速回流到本国。这也造就了港股有时会有很大的波动，股票有些时候往往便宜得一塌糊涂。

随着沪深港通的逐步深入，尤其是投资总额度的取消，内资机构估计会逐步取得相关的定价权，港股的稳定性将进一步提高。瑞银及其他券商预计，未来三年中国资金将占港股成交额的三分之一，远高于目前的十分之一，五年之内这个比例更是可能会达到50%。

财技、“老千”与造假

运用财技的公司在任何一个市场都存在，而“老千”却似乎是港股的一个特产。“老千”这个恶名，甚至可以说是港股市场的一个毒瘤，令很多投资者谈之色变。

其实，“老千”、造假与财技，这三者还是有所区别的。

合法的财技，是指公司管理层出于某种目的，如要实行股权激励或发行股票的购股权证等，而通过某些会计方式，对公司利润进行调节的行为。这是一种典型的财技，但在会计上是合法的，一般审计机构都不会给出附带有保留意见的审计报告。

而“老千”，则可以算是财技一种偏离正道的演绎。概括说，只要是靠玩财技操纵账面利润而非实质性运营公司业务，都可以统称为“出老千”，投资者选股时一定要远离这些公司。香港股市有它的游戏规则，但是不少规则都有灰色地带。如果要投这样的财技公司，则必须非常熟悉这个游戏规则，知道什么是合法，什么是不合法。对于初次进入港股市场的很多投资者而言，根本不具备这样的能力，所以只要碰到有“老千”或

"老千"嫌疑的，就一定要非常谨慎。

比较常见的"老千"财技简单归纳起来有几种，基本都是通过供股、合股操纵股本变化及超低价的配售、大量发行认股权证和可换股债券等方式来实现。

低价配售

例如，2015年7月10日，内地影星李连杰及其妻利智"买壳"，港交所披露的信息显示，李连杰夫妇以每股0.1港元的价格增发115亿股远东控股股份，耗资共计11.5亿港元。而远东控股在停牌前最后一个交易日（6月26日）的收盘价为每股3.25港元，较停牌前大幅折让近97%。此外，如配售成功，则李连杰夫妇持股数为远东控股增发前股本的约10倍。（折让97%入股，不知大家怎么想?）后来这个增发被港交所给否了，理由是远东控股资产在认购协议完成后将主要由现金组成，而根据港交所上市规则，公司可能不会被视为适合上市，公司股票也可能会被暂停交易。

合股

这一手法更是杀人不见血。港股最著名的"老千"要算是鼎鼎有名的威利股份（HK.00273），这家公司多年来合股不断。根据港交所网站提供的资料，仅仅从1999年开始到现在，公司就经历了2合1、5合1、50合1、25合1、10合1、5合1。简单算一算，$2\times5\times50\times25\times10\times5=625000$，即假如你1999年买入625000股，今天则仅仅拥有1股。再查其股价，1999年合股前的价格是5分钱左右，如果投资者当年以30万港元买入620万股威利国际，那么阁下今天这笔"投资"将变成5毛钱，损失高达99%以上！其他的一些"声名远扬"的超级合股公司有永义国际（HK.01218）及永义实业，现易名高山企业（HK.00616），如果从开始计算，当初持有永义实业1亿股，现在几乎变成1股，完全是吃人不吐骨头。

供股

上市公司发行新股票让现有股东按照持股比例进行现金认购，如果股东不参与供股，其权益就会遭到"稀释"。本来供股在国外市场属于正常的集资方式，A股的增发也是一种典型的供股集资行为。但在港股市场，通常由于供股横行，久而久之就被演绎成财技。一般公司发布供股公告，无论公司质地如何，股价通常都要先大跌，这是一个很不好的现象。实际上，投资者应该关注上市公司的供股理由，如果公司本身账面上并不缺钱，但又出现大比例及大折让供股，则说明公司内部出现问题或账面上的现金并不真实存在，或者管理层只是想集资做一些与公司业务无关的事情，这时才应该选择回避。无理性的砸盘可能会导致错过一些真正需要融资促进公司高速发展的好公司。

造假

造假则是一种赤裸裸的违法行为。普通的会计造假一般体现在财务指标的异常，如远超行业的营收增长、异常的存货与应收账款周转、特别高的毛利率水平等。普通投资者如果没有一定的财务背景知识，比较难以识别公司的造假行为。另外，这类公司很多时候会被沽空机构狙击，或被财务分析能力较强的有经验的个人投资者质疑。有时造假一旦落实，股票被港交所勒令停牌后，可能就会长时间停牌，部分甚至不会复牌。典型的例子如 2012 年 3 月，博士蛙公司被停牌，而此前的 2011 年 3 月 15 日，博士蛙发布公告称，德勤关黄陈方会计师辞任博士蛙审计师的原因是无法获得足够审计信息且不满管理层回应，因此无法完成相关的审计工作。博士蛙到目前为止都没有复牌，投资者基本血本无归了。

这类风险属于投资中经常会碰到的，又比较重大的风险，破坏性极强，应引起投资者足够的注意。

公司本身经营活动的风险

港股上市公司股票的价格与经营业绩的关联性很强。如果当天收盘后发布一个业绩盈警，尤其是下降幅度较大，如同比下降超过 3 成以上，则第二天股价的表现将立竿见影，很可能直接跌去两成甚至更多。特别是当公司股价处在高位的时候，跌幅可能更为惊人，跌去一半也很常见。

例如，保利文化，公司背景强大，属于央企中国保利集团旗下控股的文化产业平台，但业绩盈警一披露，当天股价的跌幅最高超过 20%。但仔细看其业绩，并没有那么糟糕，下降是由于部分艺术拍卖结算日期延后产生的。再比如，中集安瑞科，也是一贯表现优异的好公司，但自从发布业绩预警，“预计半年业绩将同比下降 43%”，股价在开盘后就直接跌去 10 个点，这还是在安瑞科股价已经很低的情况下。实际上，中集安瑞科算是一家好公司，自从被并入中集集团之后，业绩年年增长，但市场就是这么任性。反之，如果某公司股价处于低位，而披露业绩实现大幅增长，同时恢复派息或提高派息比例，则股价涨幅达 5 成也很正常。

没有涨跌停制度的港股，一天或几天之内股价的变化幅度完全可以用上天入地来形容。

沽空机构狙击及停牌退市

沽空，也就是我们通常所说的卖空。沽空是指投资者卖出其本身并不持有的股票（或者向券商及其他投资者借入股票出售），并希望在将来以较低的价格买回该股票。还有另外一种裸沽空，即无货沽空，投机者在交易市场上出售或者声称出售自己并不持有的股票。这种类型的沽空在很多市场已经被禁止了，因为它可能会扰乱市场的正常交易。沽空的核心是判断股票会下跌，如果没有下跌则沽空的机构或个人将获得损失。由于存在沽空交易机制，就诞生了一种专门针对上市公司财务问题进行研究的机构，即沽空机构。相当部分的沽空机构，是依托发布质疑报告的形式，打压目标企业的股票价格，并从中渔利。在海外股票和证券市场，沽空一直以“存在即合理”的方式，在一定程度上对上市企业起到监管机构之外的“第二条防范做假”的作用。

被沽空机构狙击的例子非常多，如西部水泥、青蛙王子、中金再生、四环医药、首钢资源、奇峰国际、辉山乳业、中国全通、神冠控股、中国天然气、瑞年国际、汉能薄膜太阳能等。

2015 年 2 月 4 日，沽空机构 Emerson Analytics 发布报告，将桑德国际

(HK.00967) 目标价削去70%至2.4元，并予以“强烈沽售”评级。Emerson Analytics在报告内指出，桑德国际收入有被夸大之嫌，同时对桑德提出5项质疑。

2015年7月15日，沽空机构格劳克斯研究（Glaucus）狠批中国天然气（HK.00931）业务与天然气及中国市场毫无关系，且管理层对天然气管理毫无经验，认为公司股价仅值8仙，给予“强烈沽售”评级。报告指出，中国天然气市帐率已高达33.9倍，而港股中一般能源企业仅为1.84倍。报告又指出，公司市值高估程度，甚至是目前被证监会调查的汉能薄膜发电的两倍。

2015年8月1日，沽空机构Dupre Analytics狙击中国忠旺（HK.01333），指集团自2011年起的385亿港元收入均为虚假收入，且主席刘忠田和他的家族构筑了一个由未披露的代理人和中间人组成的关系网，以便他们侵吞铝材，并运送到在世界各地的秘密生产场所，涉及数百亿港元。

2016年12月16日，沽空机构浑水公司突然发布了一份47页的报告，指责辉山乳业（HK.06863）涉嫌财务欺诈，从2014年起虚报利润。浑水称发现大量证据表明，辉山乳业长期从第三方大量购买苜蓿，进行财务造假。

无利不起早，沽空机构通过做空获得了惊人的利润，而不少投资者则大幅亏损。但俗话说，苍蝇不叮无缝的蛋，这些被狙击的公司基本都存在营收增长、应收账款、毛利率、净利润、现金流、存货等指标异常。投资这类财务指标异常或被质疑的公司要三思而后行。

从目前的结果看，基本所有遭沽空机构质疑的公司，股票在复牌后都遭遇了大跌，少数家底厚实、确实有实质性业务的公司，则通过大股东增持、公司回购、加大分红力度等手段，逐步恢复股价。然而，更多的则是长期低迷，甚至遭遇清盘危机，投资者损失惨重。

黑天鹅事件

黑天鹅是一种彻头彻尾的风险，但跟我们经常谈论的风险是有显著区别的。黑天鹅（全称“黑天鹅事件”，英文 Black swan event）指几乎无法预测，且又不寻常的重大意外性事件。这样的事件一旦发生，通常会引发整个市场连锁负面反应。对整个世界产生影响的黑天鹅事件莫过于“9·11”事件，对于经济、政治、社会各方面，都产生了重大影响。金融市场的黑天鹅事件也很多，典型的有欧债危机。中国证券市场典型的黑天鹅事件有“光大乌龙指”，2013 年 8 月 16 日上午 11 时 5 分，上证指数一改静悄悄的盘面，指数直线拉起，三分钟内暴涨超过 5%。因为这一天是周五，加之是 8 月股指期货合约的交割日，市场各种猜测沸沸扬扬。几分钟后，有媒体指出，指数异动是由于光大证券“乌龙指”引起的，但市场并不相信。当日中午，光大证券董秘声称“乌龙指”子虚乌有，使得该事件更加扑朔迷离。午后开市，光大证券停牌，同时发布公告称，光大证券策略投资部门自营业务在使用其独立的套利系统时出现问题，公司正在进行相关核查和处置工作。至此，此次指数异常波动被确认为光大证券“乌龙指”所导致。

针对个股的黑天鹅事件则更是层出不穷，最典型的莫过于牛奶业的三聚氰胺事件和白酒业的茅台塑化剂事件。三聚氰胺事件导致行业内几乎所有公司的股价大幅下挫，而茅台的塑化剂事件也在短时间内导致长期坚挺的股价持续下挫。

黑天鹅这种风险几乎是无法预测的，投资者能做的就是被动地承认黑天鹅的存在，在做任何一笔重大投资时，不轻易地押上全部身家，即使你评估后认为胜率非常高。

投资港股的风险主要有以上这些类型，这些风险在其他市场也广泛存在。投资实际上就是对未来下的一种“赌注”，没有任何人可以准确地预知未来，所以风险是不可避免的。投资者必须对风险有充分的了解，采取正确的应对措施，才可以持久地在投资的世界生存。

第三节　评估风险

我们经常听到“高风险带来高收益”，这句话听起来似乎有道理，但事实上完全经不起推敲。其实很简单，如果高风险真的能带来高收益，那这样的风险还是高风险吗？所以，正确的描述应该是，在承担更高风险基础上的投资具有更加吸引力的回报作为补偿，但要明白，这只是一种可能性，并不意味着承担了高风险就一定会有高收益，结果完全可能两手空空、损失惨重。

风险造成的不确定性也是一种机会，所谓危机就是“危险＋机会”的综合体。所以在风险与回报之间，投资者需要进行风险的评估，从而找到一种最佳风险收益比的投资机会。

例如，对于两只基金，当年度收益结果都是20%的收益率时，投资者从表面上可能无法识别出哪个基金经理管理得更好。但事实上，虽然取得了同样的收益率，承担的风险可能完全不在一个级别上。所以，为了分辨哪只基金更值得投资，需要进行风险评估，看看收益的背后究竟承担了什么样的风险。

那么如何来评估风险呢？一般而言，评估风险需要围绕以下四个方面进行。

评估风险发生的概率

不同风险发生的概率是不一样的，主要还是取决于风险本身所处的环境因素。

例如，前文提到的系统性的估值风险，由于这类风险是共性的，我们无法确切知道一个处于上升期的市场何时会停止，所以过早退出是不明智的。但是，一旦市场整体积累的风险相比历史水平已经处于高位，市场中的人已经处于癫狂状态，连平时最不起眼的人都在讨论股票的时候，系统性风险发生的时机就已经很近。

而对于一些财技、“老千”公司的风险概率，不同的公司差异巨大。例如，我们可以主观地判定国企账目发生假账的风险要远低于民企，因为有比较简单的历史统计，被爆出账目问题的几乎都是民企。

对于公司被沽空的风险，主要考察公司的经营指标是否异常。如果某些指标异常优秀，远高于行业平均水平，而公司没有所谓的高端护城河，加之估值高高在上，那么，被狙击的可能性就很高。

总之，相关风险发生的概率，事前是可以通过主观分析来初步判定的。投资时，只需大概把握这一概率就足够了。

评估相关风险发生后造成的潜在损失

主要评估此类风险发生时造成的损失的严重程度，能否为投资者所接受。

例如，上文提到的公司受反垄断审查或倾销指控，这属于公司经营风险的范畴。对于此类风险，主要评估受审查的部分业务占公司整体业务的比重，一旦发生风险对公司的影响是致命的还是轻微的。如果风险发生造成的损失令我们无法承受，就要及时退出。

又比如，估值体系这类风险，如果我们对其有足够的认知，就可以适度控制。因为投资的核心是企业，如果一家公司经营很好、现金流很强、分红给力，那么无论外围如何惊涛骇浪，投资者也能安如泰山。因为风浪总会平静，企业的价值自会逐步体现，不应该在最糟糕的时候用低廉的价格舍去自己宝贵的筹码。

再比如，“老千”公司、指标异常可能被狙击的公司，面对的风险杀伤力就异常强大，应该列为重点防范对象，只要出现可疑迹象，就应当尽量避免投资。我们不可能把握住市场所有的机会，我们只需赚有把握的钱，把握大概率的机会即可。

综合发生概率和损失程度，确定各风险的优先防范等级

要确定风险的防范等级，首先需要了解“风险收益比”的概念及承受力水平曲线，如图 12－2 所示。

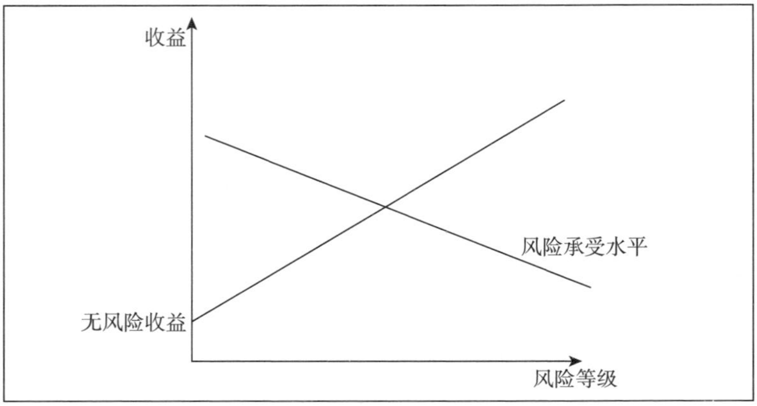

图 12－2　风险 VS 收益

由图 12－2 可以看出，当我们投资一些无风险或极低风险的产品，如存款、国债及货币基金等，基本不用承担多少风险，但随着投资品种风险等级的上升，投资者就需要更高的潜在收益来作为补偿，而伴随着风险等级的逐步走高，投资者的风险承受水平也在逐步走低。因此，我们需要一个综合的判定，既要寻求一个合适的投资回报率，又要权衡我们承受风险的能力。当各方面都能够接受的时候，我们就可以做出适当的投资决策。

评估风险发生后的承受能力

由于个体差异，人们的风险承受力各不相同。例如，个人资产 1 亿元的高净值人士和一个仅有 100 万元资产的小康家庭，同样一笔 50 万元的投资，如果全部损失，对前者而言仅有 0.5% 的损失，而后者则意味着 50% 的损失，承受力自然不同。

所以，在评估风险后，作为个体而言，仍然要进一步评估自身的风险

承受水平。当我们认为某些风险发生造成的损失是我们自身无法承受的时候，就需要去规避，而不要管其他投资者是否会做出类似的风险规避行为。

在经过认真严格的风险评估后，最后一步就是采取相应的风险应对措施了。

要特别说明的是，风险评估是一个带有很强主观性的行为，对于个人投资者尤其如此。这主要受自身的分析水平、知识视野、收集信息的完整性与准确性等因素限制，因此要做出准确的评估是极为困难的。尽管如此，风险评估仍然是需要的，只需要模糊的正确即可，投资者需要的仅仅是一个大概率的获胜机会。

第十三章　风险应对

"知己知彼，百战不殆。"在充分了解风险的基础上，采取正确的应对措施，有备而无患。

风险有大有小，发生的概率也是有高有低，所以对不同的风险需要采取不同的应对措施。在投资领域，很多风险的防范措施会减小投资收益，投资者应根据自身的风险承受能力，采取适当的应对措施，把握好这个"度"。

第一节　应对汇率风险

主要业务在海外，用其他币种结算的公司

例如，第一太平（HK.00142），公司主要资产与业务在菲律宾、印度尼西亚等地，东南亚国家货币的汇率波动比较大，某些年份可能剧烈贬值，因此投资此类公司，则不可避免要承受汇率波动对公司业绩影响的风险。这种风险很难防范，即使机构投资者也是如此。所以，笔者不建议普通投资者投资这类业务过于复杂且易受汇率波动影响的公司，除非公司被严重低估，又在大量回购股票。

主要业务在中国内地，而在中国香港上市的公司

例如，中国神华（HK. 01088），公司主要业务在内地，用人民币结算，那么汇率波动几乎可以忽略。为什么呢？假设神华20××年EPS（每股账面盈利）每股2元人民币，当时港币兑人民币1∶1，市场以10倍PE交易神华，则100万元人民币换100万港元，买5万股神华，市值100万港元。次年，神华业绩没有增长，仍然是2元人民币，而市场仍然给予10 PE估值，但这时港币贬值，1元人民币兑2港元，则换算成港币，神华EPS是4港元，5万股市值200万港元，换成100万人民币，没有变化。所以，对这类公司而言，汇率的波动无须考虑，汇率的波动不会影响公司的估值。

有大量外币债务，业务以人民币结算为主的公司

这类公司，汇率波动对业绩有实实在在的影响。例如，航空公司一般都有很多美元债务，此前一直受益于人民币升值，从而产生汇兑收益，但如果面对人民币突然大幅贬值或开始进入贬值通道，则会产生汇兑亏损，市场的反应就会偏负面。因此，美元债务是一把双刃剑，投资这类公司，应对人民币的走势有一个大概的判断。

交易型投资者

如果投资者单纯以交易为目的，与市场博弈赚钱，则汇率确实是一个不容忽视的风险。尤其是港股通投资者，用人民币交易以港币报价的公司，要面对每天的汇率波动。但另一方面，博弈本身就是一个比汇率波动大得多的风险，投资者首先需要防范的是博弈的风险，而非波动这样的风险了。

总体而言，普通投资者无须过多担忧汇率风险，但涉及具体的投资标

的时，应判断相关汇率波动对其业绩的影响程度。如不能把握，最好选取其他受汇率变动影响小的公司。

需要特别指出的是，文中所列举的具体公司，并无推荐之意，更不涉及其估值高低的评判，仅仅是为了表达更加直观。下文如有涉及，同样如此。

第二节 应对外围市场的传导

香港金融市场的自由程度多次被评为世界第一，特区政府也多次强调要减少过多的行政干预。正因为如此，香港资本市场聚集了众多的国际机构，但对这些外资机构而言，香港只是其全球组合投资的一个很小的部分，如果它们的大本营出了问题，需要资金回救，港股很大概率都是一个牺牲品，这也解释了为什么港股几乎会受全世界各个市场波动的影响。每一次大的波动，受伤害的都是中小投资者。

个人投资者应对这样的风险是比较困难的，最好的方式是遵循钟摆投资理论，以合理的投资仓位动态管理，并进行资产组合配置。以 2015 年 7 月 6、7、8 日恒指连续三天暴跌为例进行说明，如图 13 – 1 所示。如果此前投资者满仓操作，则大多情况短期内会损失惨重。

有经验的投资者，会在组合里配置一定防御性的股票，如恒生银行、招商银行、万科企业、北京控股等。如果公司素质都不错，流动性好，一般股灾发生时下跌幅度也较小。同时，一旦市场情况好转，价格恢复也会很快，暴跌反弹后基本损失不大。但如果是一些“老千”股、高估值、概念股等，往往跌幅巨大，用香港人的话说就是“回不到家乡了”。

另外，对于成熟的投资者，在这个时候可以将资金从债券类或其他现金类，如货币基金等，转移过来，在低位增加权益投资的比重，危机发生时反而是美事。

总之，港股受外围市场波动的影响非常频繁，因此笔者建议大家不要轻易满仓，上杠杆，捞底须谨慎。

图 13-1　2015 年 4—7 月恒生指数日 K 线

第三节　应对系统性、整体性估值风险

这个稍微有点复杂，面对市场系统性的估值风险，需要投资者了解整个市场或者行业、指数的估值情况，对比历史估值，综合判断系统性整体估值到了什么程度，市场处于什么样的水平。图 13-2 历史跨度近 40 年，可以很好地让投资者认识恒生指数的历史估值波动水平，具有极大的参考价值。

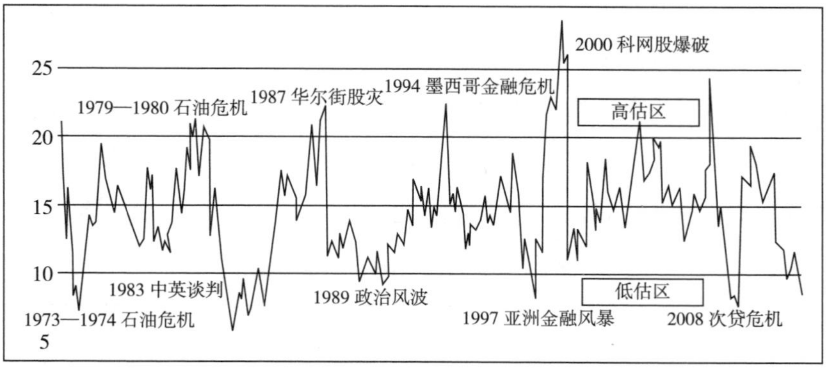

图 13-2　恒生指数历史平均市盈率

通过查询相关网站，可以看到截至 2015 年 8 月 6 日香港恒生指数及相关行业市盈率，如表 13－1 所示（任何一天的数据都可以在网站查询到）。

表 13－1 恒生指数及相关行业市盈率

股票市场指数	指数收市	股息率	市盈率	指数成交额（百万港元）
恒生指数	24375.28	3.73	10.05	16739
恒生金融分类指数	34551.24	4.11	9.9	6842
恒生公用事业分类指数	53052.45	3.33	6.63	645
恒生地产分类指数	32839.9	3.28	6.51	1833
恒生工商业分类指数	13827.57	3.41	12.6	7419
恒生指数美元	3144.73	3.73	10.05	2160

资料来源：香港恒生指数网站，http：//www.hsi.com.hk/HSI－Net/。

对比图 13－2 和表 13－1 可知，恒生指数市盈率仅有 10.05 倍，估值处于历史低位水平，同时港币存款利率处于极低水平，股票市场的估值理应较高才对，显然，这一阶段港股的投资价值较高。因此，投资者应将更多的资金分配到权益投资品种里，大概率可以获得不错的投资收益。具体的投资品种是另外需要探讨的内容。最简单的方式是定投跟踪相关指数的基金，相信可以战胜 90% 的普通投资者，如盈富基金、恒生国企指数基金等。

相反，如果恒指整体接近或已经超过 20 倍市盈率水平，从历史走势图可以看出，处于风险较大的区域，投资者此时应该减少权益类投资仓位，转而配置其他低风险品种，如债券类等。

通过查询，可知截至 2015 年 8 月 6 日，香港恒生相关中资企业市盈率如表 13－2 所示。恒生中国企业当前市盈率仅 8.09 倍，有没有投资价值不言而喻，且在港上市的国企的质量普遍较好。

表 13－2 恒生中资企业市盈率

指数	指数收市	股息率	市盈率
恒生香港中资企业指数	4376.62	2.54	11.13
恒生中国企业指数	11093.27	3.72	8.09

资料来源：香港恒生指数网站。

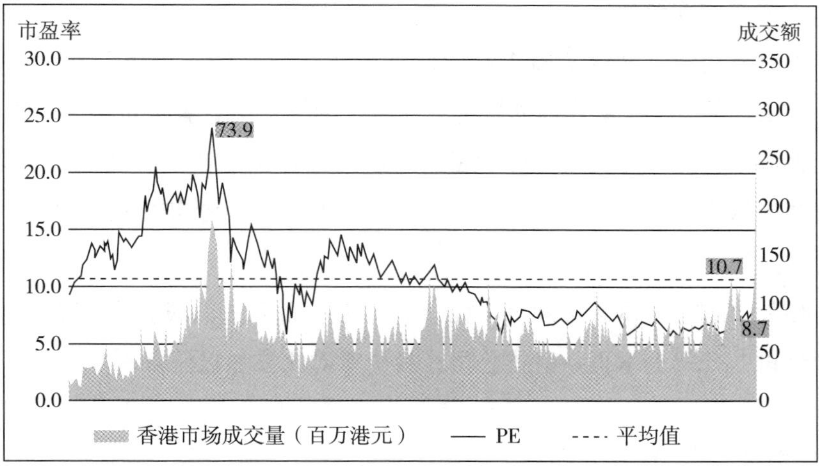

图 13－3　恒生国企指数历史市盈率区间

资料来源：Bloomberg 市场统计报告。

需要指出的是，上述策略，对于计划长期持有相关公司、穿越牛熊的投资者而言，基本可以忽略。例如 A 股的万科、格力电器、贵州茅台、云南白药等，仅仅买入并持有，光靠分红再投资，也可以获得惊人的收益。港股长期投资的例子众多，老一代价值投资人基本都有汇丰情结，以至于流传“圣诞钟，买汇丰”的说法。这实属投资的最高境界，既省时间，又能获得极佳的投资收益。但采用此策略的投资者却凤毛麟角，因为市场波动频繁，能一次又一次地坐过山车而“咬定青山不放松”，实需有异于常人的心理控制能力。

第四节　应对“老千”、财技与造假

监管部门对使用“老千”、财技公司的过度容忍，使香港市场的“老千公司”大行其道，不少甚至形成了派系，成为港股的“毒瘤”。为了避免成为被收割的“韭菜”，投资者在投资港股前，对“老千”、财技一定要做足功课，尽量不要与“老千公司”为伍。笔者依据网络资料与个人投资经验，列举部分案例，当然，这里面可能有部分公司仅是存在“老千”嫌疑，投资者应多加甄别。

郑重声明：下文及本书提到的所有被怀疑的“老千公司”，笔者并未逐一核实。另外，“老千”也只是一种财技的提法，在香港市场并不违法。跟其他股票一样，此类公司股价在某一时期也会上涨甚至大涨，投资者应有清楚的认识。能否投资“老千公司”，取决于投资者自身的认知与风险承受能力。

另外，这些公司有可能被卖壳，卖掉之后新入主的股东有可能会认真经营公司，公司也不再是财技公司，投资者对此要加以注意。

“老千股”的五大派系

威利系

主要成员公司有：威利国际（HK. 00273）、合一投资（HK. 00913）、马葛斯集团（HK. 00136）、汉基控股（HK. 00412）、鹰力投资（HK. 00901）、福方集团（HK. 00885）、民丰控股（HK. 0279）等。

开源系

主要成员公司有：开源控股（HK. 01215）、盛源控股（HK. 00851）、中国管业（HK. 00380）、优派能源发展（HK. 00307）、意马国际（HK. 00585）、名家国际（HK. 08108）、伟俊集团控股（HK. 01013）、润中国际控股（HK. 00202）、标准资源控股（HK. 00091）及保兴资本（HK. 01141）等。

泛海系

主要成员公司有：泛海集团（HK. 00129）、泛海酒店（HK. 00292）及汇汉控股（HK. 00214）等。

高宝系

主要成员公司有：绿色能源（HK. 00979）、中富资源（HK. 00274）、联康生物（HK. 00690）、明丰珠宝（HK. 00860）等。

康健系

以康健国际医疗（HK. 03886）及围绕的相关证券行，包括康宏证券、利宏证券及永锋证券作为股东幕后主导的一系列上市公司作为成份股。

关于“老千股”的识别，建议读者去阅读港股投资达人汤财的博客。上述关于“老千”的分类主要也是引自汤财先生的博客，地址如下：realblog. zkiz. com/greatsoup；realblog. zkiz. com/greatsoup38；greatsoupinvest. blogspot. com。

“老千”、财技公司的特征

要判断一家公司是否可能运用“老千”、财技，首先要了解“老千公司”有什么财技手法。一般而言，如下七点特征，只需有其中一点或几点较严重的，即可主观上认定为“老千公司”。

（1）公司永远不分红，却年年圈钱，董事高额薪酬，一年数千万（对比下公司的营业额与净利润）；一家老小，吃喝拉撒都在公司报销。这种公司即使估值再低，如 PB 甚至低于 0. 1 倍也不要买，因为不可信。

（2）公司没有什么主业，做的就是股票生意，却经常有各种投资概念，哪热门就计划投哪，什么互联网、可替代能源、内地消费、纳米技术、新兴产业等能上的全上，但基本就是忽悠，没一个落实。要验证这个，看看公司几年的年报披露就清楚了。

（3）阅读公司近几年的财报，看有没有赚钱。不能赚钱的公司，不管是不是“老千股”，都是少碰为妙，无论企业描述的前景多么美妙。

（4）公司经常盈利，没有大的投资项目，但从来不派息。不要因为公司账面有大量现金就觉得划算。常年赚钱，没有大的资本开支，却不回馈股东的公司，一般都是有问题的——财报作假的可能性较大。

（5）股价高位时，大量低价配售新股。例如，流通股和大股东是 5∶5 的比例，股票一旦被炒高，大股东可以一把配售流通股的 10 倍，把比例弄成 1∶9，股价立马直线下挫。公司只要有一次类似的行为，投资者基本就可以回避了。

（6）供股，不是偶尔供，而是时不时就来一次。股民有钱，参与供股不要紧，多供几次，终有一天他们会弹尽粮绝，被迫退出，“韭菜”就这样被顺利收割。当然，有些公司处于高速发展中，确实有集资的需要，所以投资者应仔细考察，尤其要了解公司以前的集资是否真的用到了实际的项目中去，并且投资项目是否达到了预期的效果。

（7）有合股的历史。不敢说所有合股的都是“老千公司”，但是所有已经明确被认定的“老千公司”都有过合股记录。股价跌到几分钱，可以再合股，然后继续跌。

未来可能还有新的财技出现，投资者也需要与时俱进，不断提高自己的判别能力。

第五节　应对公司经营/基本面风险

投资股票，买的不仅仅是股票，而是背后的实体公司。伴随着公司的发展壮大，业绩不断增长，股票增值，这是传统的投资路径，也是正道。

一家公司，我们看它的财报，看它的经营历史，可以排除“老千”嫌疑，但是对公司经营本身来说，仍然无可避免地要面对经营本身的风险。公司作为社会个体，一样要承受经济的起起落落；公司经营的操控者是人，人性千变万化，有的德高但能力平庸，有的能力强却不走正路。因此，应对这个风险，实质就是如何挑选好公司的问题。这方面的著作可谓多如牛毛，笔者仅结合自身的经验简单谈谈。

投资者与公司管理层看待公司的角度是不一样的，从投资者的角度，笔者认为，一个值得投资并计划中长期持有的公司，起码应具备如下的特征。

（1）合理的公司治理结构。

（2）值得信赖与优秀的管理层，德艺双馨。投资家巴菲特并购公司时首先看重的就是优秀的管理者。

（3）适当而不过分的激励机制。

（4）对公司主业足够专注，不随意多元化。

（5）业务具备一定的抗周期能力，在行业低谷也能拥有行业前列的竞争力。

（6）主营业务可以持续产生良好的经营现金流，有合理的财务结构，结合行业特点，负债不应过高。

（7）善待小型投资者，IR（投资者关系部）沟通顺畅，双方平等。

具备上述大部分特征的公司，就值得投资者多留意。当然，筛选好公司，只是对抗公司经营/基本面风险，防止出现黑天鹅的一个重要步骤，并不能保证投资了这些公司就可以高枕无忧。好公司也需要合理的价格去交易，过高的买入价会降低投资收益，所谓“合理的价格买优秀的公司”，就是这个道理。至于什么样才算好价格，市场上关于此类的论述多如牛毛，投资者可自行挖掘。

第六节 防范沽空机构的狙击

所有的猎物都是经过精心筛选的。对于一些“老千股”、低市值（市值小于30亿港元），股沽空机构一般不屑一顾。“老千”是因为名声差，大家都知道，根本不用沽空；而低市值股，因为成交量很少，流动性差，筹码收集及派发都很困难，即使狙击成功，沽空也很难从中获益。

避免沾染沽空机构可能狩猎的公司，这是防范此类风险的最好方式。首先，要了解沽空机构对沽空目标的大概运作过程。外界普遍认为，像格劳克斯（Glaucus）、浑水（Muddy Waters）、看橼研究（Citron Research），此类沽空机构充满神秘感，因其极少在市场上公开宣传，想了解其背后研究的过程，应该是很不容易的。但是，市场上被沽空的公司多了，就会有迹可循。根据业内人士总结，存在问题的、容易被沽空机构狩猎的上市中国公司，存在六大共同点。

第一，面向国内和国外的财务报表迥异。

第二，频繁更换审计师事务所或使用名不见经传的审计机构。

第三，公司盈利趋于完美，让人难以置信。

第四，企业利润保持恒定增长，违反经济波动规律。

第五，缺乏分红和反复进行股票和债券增发。

第六，公司运营不透明，报表披露极为简陋。

知道了沽空机构一般挑选什么样的猎物，那反着干不就行了？芒格说：“如果我知道会在哪个地方死去，我肯定不去那里。”

要具备这种辨别能力，投资者要有较好的财务知识与公司分析能力，同时还要对所投资公司从事的行业有一定的了解，而这是一个逐渐修炼的过程，有时需要付出不菲的学费。

特别需要指出的是，沽空机构所发布的报告不一定都是真实可靠的，也有属于恶意沽空，或者能力有限，引用的分析数据有误，从而得出错误的结论——把一家好公司给“黑”了。

沽空机构正面临越来越严格的监管，尤其是在亚洲市场，来自美国的沽空机构所发布的沽空报告，因为出现越来越多的失实甚至严重失实，而被亚洲各国和地区的证券市场监管部门质疑其“是否诚实”。例如，2014年底，中国香港证监会指控总部设在美国的香橼研究，直接表示该机构在涉及上市公司的沽空报告中存在“虚假及误导性”的信息。

但无论如何，沽空机构的报告一发布，被沽空的目标公司的股价首先会大跌一把，投资者的损失是实实在在的，所以仍需谨慎应对。

第七节　应对黑天鹅事件

黑天鹅事件的最大特点就是意外，这是它跟其他风险的显著区别，属于不可控、几乎难以预测的风险。上文提到的“光大乌龙指”这样影响整个市场的事件，事先是没有任何征兆的；而牛奶业的“三聚氰胺事件”、茅台酒的“塑化剂事件”，对于不从事这个行业的投资者，则几乎不会有任何与此有关的风险衡量。

近期，甚至爆出货币基金发生亏损的事件。要知道货币基金在多数投资者的眼中，就是一个几乎可以取代现金的现金管理工具，安全性非常高，连这个都能发生亏损，投资界还有什么不可能？

那么，由于无法预测，是不是意味着针对黑天鹅这类意外，我们什么都不做？

这个世界是复杂的，远比个人的认知范围广得多。有太多的事情是我们在做投资时无法预判的，所以投资者必须承认黑天鹅随时存在的可能性。黑天鹅之所以成为黑天鹅，它的另一特点是破坏性大。无法预测的意外性和破坏性大的特点，决定了我们在投资过程中只能采用**容错系统**，承认自己的无知。容错系统决定了我们需要适当分散配置、多元化资产组合。这样的投资体系可以在很大程度上规避单一组合因出现黑天鹅而全盘皆输的风险。

具体的策略详见本书第十四章第五节。

第四部分　经验与案例分享

本部分主要总结了自己多年投资港股过程中的所思所想，有些是成功的经验，也有些是失败的教训。希望这些经验和教训可以帮助读者建立正确的港股投资理念。

案例分享部分，有些是已经完成投资的案例，有些则是持有过程中的案例，并不作为投资建议，只希望给读者提供一些思考的角度。

第十四章　关于投资的思考

第一节　理解资产[①]

资产是什么？按照会计学的定义，资产是指由企业过去经营、交易或各项事项形成的，由企业拥有或控制的，预期会给企业带来经济利益的资源；上升到更广义的定义，指任何公司、机构和个人拥有的任何具有商业或交换价值的东西。总之，资产具备以下两个要素：

（1）能够产生预期现金流。不能产生现金流的都不能称之为资产，如房产，如果被废弃了，没有交易价值，那就不能算是一种资产。

（2）价值可以衡量，可以被用来交易。任何不能在市场交易的东西都不能算资产。

资产究竟跟投资股票有什么关系呢？事实上是核心相关。当我们谈论“股票”的时候，我们主要在谈论什么呢？

股票简单地说就是“股”＋“票”，“股”代表流通，“票”则代表一种权利，一种对所投资公司的拥有权、投票权等。所以“股”在数量上的

① 本节的内容深受雪球财经网站投资达人“cfuwxd”发布的“拥有一颗资产的心”系列文章的启发，征得其同意后，笔者引用了其文章中的部分观点，在此深表谢意。

多寡加上“票”所代表的这种权利，最终决定了个体拥有企业比重的多少。而企业又是什么呢？企业就是拥有资产资源，在经济活动中能够创造现金流的综合体。上市公司中有不少是亏损的，产生负的现金流，这些都不是我们要寻找的资产。利润事实上是一种会计游戏，可以在账面上做出来，而唯有现金流，才是企业发展的王道。**企业可以没有利润，但不能没有现金流**。现实中，一些知名大企业、大集团短时间内轰然倒塌，而当开始进行破产清盘或重组时，却惊讶地发现，其拥有相当不错的优质资产，只要变卖这些资产，完全可以还债。这就是属于典型的经营现金流出了问题，通俗讲，就是资金链断裂。

现金流来源于资产，股票背后隐含的就是企业的资产，这是一个投资的逻辑链条。理解了资产、现金流的含义之后，我们就可以建立一种投资的核心逻辑，即**买股票就是买资产，买现金流**。投资者应该把股票当成一种资产，一种可以带来现金流的资产。在这种思维的指引下，我们就很容易建立价值投资、长期投资的理念。

理解资产，并试着去拥有“一颗资产的心”，把投资收益建立在所拥有的资产基础之上，这才是投资的本源。当你拥有那些能够持续价值上升的资产，那中间的波动又有何惧怕呢？无论市场如何变化，我们都能安坐钓鱼台，因为你明白，你拥有的是资产，而非仅仅一种筹码。

第二节　资产配置

广义的资产配置包括全方位的资产，如股票（包含期货）、债券、地产、黄金、理财甚至林地、农地等所有可创造现金流的大类资产。为什么要进行资产配置？无论哪一种资产，在某些时期都可能面临较大的价格下跌压力。股票、黄金、地产等历史上的某些时期下跌幅度都挺大，但却很少出现所有资产全部同时下跌的情形。所以一个稳健的家庭，当有足够的现金流可支配时，就应该考虑资产配置，现金越多，越应该把资产配置多样化。

标准普尔家庭资产象限

结合笔者的实际经验，认为标准普尔出版的关于家庭资产配置分析报告，简单易懂，易于执行。标准普尔是全球最具影响力的信用评级机构，其曾调研全球十万个资产稳健增长的家庭，分析总结出他们的家庭理财方式，从而得到“标准普尔家庭资产象限”图，如图 14－1 所示（源于网络）。

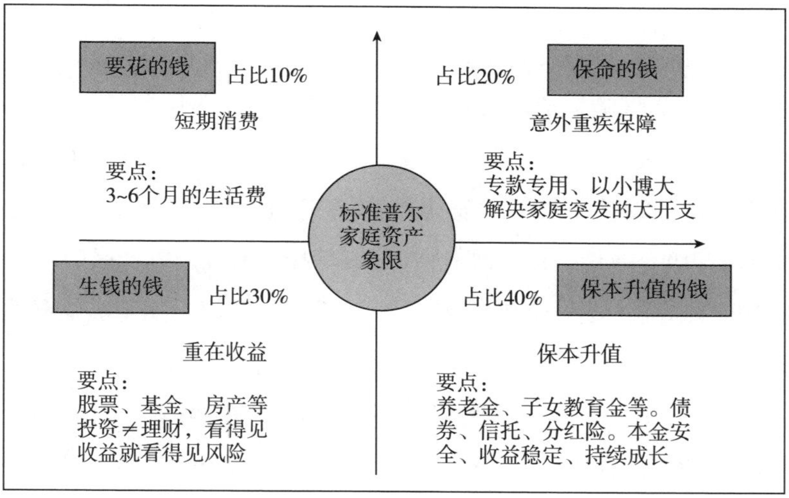

图 14－1　标准普尔家庭资产象限

其将家庭资产分成四个账户，这四个账户作用不同，所以资金的投资渠道也各不相同。只要拥有这四个账户，并且按照固定合理的比例进行分配，就能保证家庭资产长期、持续、稳健增长。

（1）第一个账户，资产用于家庭日常开销（短期）。投资者可以根据自身的消费习惯，统计出需要的资金水平，一般占家庭资产的 10% 左右，为家庭 3 ~6 个月的生活费。例如，可以考虑 3% ~5% 的现金或可以随时支取的货币基金，而 5% 左右投资于收益率稍高的短期理财产品，长短搭配。

（2）第二个账户是保险账户，一般占家庭资产的 20% 左右，主要是保障作用——在家庭成员出现意外事故、重大疾病时，有足够的钱来保命。保险账户主要购买如意外伤害、重大疾病等险种，**一定是保障型的而非分红的险种**。保险是以小博大，以小钱换大钱，平时不占用太多钱，意外发生时又有大笔的钱，家庭不至于因某些重要成员发生意外而陷入困境。

（3）第三个账户是投资收益账户，即用来获利的账户，一般占家庭资产的30%。这个账户需要承担适当的风险来获取较高回报。账户的组合包括股票、基金、投资性房产（非自住）、企业股权等。投资者应根据自身能力以及对资产类别的判定能力，来配置投资资产的组合比重。

（4）第四个账户是长期收益账户，也就是保本升值的钱，一般占家庭资产的40%，为保障家庭成员的养老金、子女教育金、留给子女的钱等。账户的核心要求是：保本升值、收益稳定、持续成长，通过时间的逐步积累，获取可观的收益。由于对安全性有一定的要求，因此可以考虑债券（国债或高等级企业债、地方政府债等）、信托、分红险等产品。

这四个账户就像桌子的四条腿，少了任何一个都不安全。**这只是一个比较理想状态下的资产配置**，投资者还需要根据自身的实际情况，如年龄、家庭成员、收入情况、现有资产等，动态配置。年轻、负担少且有一定投资能力的人，可加大投资账户的比重，通过承受一定的风险而获取更高的收益，为将来打下基础。而年纪较大或家庭负担较重的，则需要配置更多的稳健资产。

总之，资产配置是动态的，投资者追求的是一个经过风险权衡的平衡结果，不同的家庭应根据自身实际情况进行合理的资产配置，而上述理论仅作为参考。

如何构建一个投资组合

对于有限的资金量，也可以换一种角度进行资产配置，即**狭义的资产配置**——构建一个组合，包含多种行业及不同风险等级的公司或资产，达到收益与风险的平衡。

在一个社会稳定的国度里，股票市场尽管不时波动，有时甚至非常剧烈，但从长远来看，股指总是不断向上突破，所以构建一个稳健的、可承受适度风险的多头组合，是分享资本市场发展收益、抵御通货膨胀的好方式。

尽管港股波动大，仍然低迷，但市场整体估值低，尤其是以 PB（市净率）计算，很多公司已经和 2008 年金融危机时相差不多，有的甚至更低。且香港有内地作为支撑，继续保持繁荣稳定并没多大问题，所以目前的港股市场，就提供了一个非常好的构建长期投资组合的好时机。

管理投资组合犹如指挥一支足球队，对手就是市场。如果你是教练，针对不同的对手（不同的市场冷热度、估值情况），采取不同的阵型是不是很重要？

当对手很弱（市场估值低），以进攻为主的阵型是不是更容易扩大战果？如 334 阵型，投入中场及前锋的兵力可以多达七成。

当对手旗鼓相当（市场处于估值中线，或已雄起一段时间），防守反击，加强中场，稳扎稳打的如 442 或者 433 这样的平衡阵型，是不是胜算较大？

而对手很强（牛市已经持续，市场狂热，估值高企），投入更多兵力防守，如 631 这样的大兵力后场防守，相信城门不易失，运气好还可以反击。

而球队里的进攻队员，当然就是股票类的权益品种，也是主要收益的来源；后场的防守考虑一些货币基金（保证流动性）、理财产品（保证一定的收益）；中场可以是信托或者指数基金等产品，具体品种依据投资者的现金情况与喜好配置。

权益类品种的选择是最重要的事情，笔者筛选投资标的的标准如下：

（1）规模中等适度为宜，“大象”级或过小的公司不予考虑，因为需要兼顾一定的流动性与成长空间。

（2）具有一定知名度的公司，在行业内的竞争力优秀。

（3）弱周期、业务性质垄断或护城河很深、具有极好的现金流。

（4）所在行业仍然有极大的发展空间，业务较易为普通投资者所理解和接受。

（5）股东操守好或股东背景好。

（6）最后也是最重要的一点，估值要合理。

根据上述条件，笔者目前筛选出的有：招商银行、中集安瑞科、华电福新、中国燃气、上海医药、白云山、361 度、海通国际、六福集团、中国民航信息网络等 10 家公司，覆盖银行、制造、能源、医药、证券、零售及软件信息等行业。对筛选出的公司，简单介绍如下。

招商银行（HK. 03968）：招商银行是国内最有活力、最具竞争力的银行之一。港股的价格已经接近账面资产，如果仍然对中国抱有信心，招行无疑是最好的选择之一。招行目前已经大踏步往轻资产、零售银行转型，成效显著；非利息收入占比接近四成，遥遥领先国内其他银行；资本内生性增强，无须外部融资，只可能加大分红力度。招商银行 H 也是笔者投资组合中的一个配置。

中集安瑞科（HK. 03899）：在能源、食品级化工领域的制造业当中，中集安瑞科无疑是佼佼者，背靠中集集团的强大实力，安瑞科这几年发展得顺风顺水，股价也一路向上，同时公司的治理可圈可点，而财务保持良好状态。当前低迷的经济限制了安瑞科的成长，行业需求不佳，公司的业绩也有一定程度的下降，但是股价大幅下跌，回到了几年前的水平。这种过度的反应也给有兴趣的投资者提供了一个绝好的机会——以合理甚至偏低的价格买入好公司，假以时日，中集安瑞科很值得期待。

华电福新（HK. 00816）：华电福新有央企背景，是央企华电集团的成员企业。华电的能源收入结构分布较广，水电与火电的盈利目前都不错，光伏及风电的盈利逐步上升，尤其是拥有 39% 股权的福清核电站 6 台机组将陆续投产，带来极好的投资收益。华电福新属于重资产型企业，由于历年的投资规模均很大，因此负债较重，也不时会有集资的需求，但良好的现金流足以抵御这个风险，每年的经营现金流入都是净利润的几倍。关键是作为发电企业，类似公用事业公司，估值仅不到 8 倍，处于历史的低点，发展空间还有很大。

中国燃气（HK. 00384）：中国燃气是集城市管道燃气、液化石油气和车船燃气销售为一体的大型燃气集团。公司近几年持续高速发展，目前看也没有放缓的势头，因此其估值不算低。老板刘明辉的能力有目共睹。受益于"十三五"天然气产业方面的规划，中国燃气业绩继续提升的确定性很强。公司股东也多元化，北京控股、韩国 SK 集团、富地石油、GAIL（India）Limited 等相互制衡，公司决策透明，同时也可借助相关股东的背景扩展如韩国、印度的业务。不过燃气类的公司有较多可备选，如新奥能源、华润燃气与港华燃气等。

上海医药（HK. 02607）：上海医药也是国企，在公司治理方面确实有待提高。但上药掌握的资源不容忽视。因为国企的一些弊病，企业估值一直落后于几大医药公司。但可以确定，随着人口老龄化，医药在中国仍然有巨大的发展空间。上海医药如果改革动力足够，提升的空间仍然巨大。当然，如果不信任上药，白云山与国药控股也是不错的选择。

白云山（HK. 00874）：白云山是在原来两个上市公司广州医药与白云山的基础上合并而成，是中国南方最大的综合性医药公司。公司制定了大南药、大健康、大商业、大医疗四大产业板块的发展目标，启动千亿战略计划。另外，公司以每股 23. 84 元人民币增发方案引入了马云旗下的云峰基金作为战略投资者，同时与加多宝关于"王老吉"的官司一旦最终裁定，也将注入上市公司，因此白云山的未来相当值得期待。

361 度（HK. 01361）：经历一年多的去库存之后，通过持续跟踪几大体育服装公司的订单表现，国内体育服装行业的复苏势头已经得到确认，业绩重新进入新的盈利上升轨道。361 度公司资产负债表状况稳健，营运资金比率良好，同时订单增长势头良好。目前估值相对低廉，前景看好。

海通国际（HK. 00665）：随着人民币国际化的推进，势必加速香港离岸人民币市场的繁荣发展。RQFII（人民币合格境外机构投资者）推进，开放投资于境内证券市场，香港资本市场将与内地市场进一步融合，香港中资券商将迎来不断利好，券商的国际化进程应会进一步加快。海通国际的各项指标在香港上市券商中排名靠前，业务发展强劲而估值低廉，目前低迷的港股为投资者提供了一个极好的介入时机。

六福集团（HK. 00590）：作为较知名的品牌黄金、珠宝零售企业，六福目前的股价只有 8 倍市盈率。黄金珠宝零售行业具有非常好的现金流及较弱的周期性。六福的担忧在于，香港市场的收入占比仍然达六成，而目前零售业转弱，在一定程度上影响了公司业绩增长，好在高毛利率的珠宝占收入近四成，且内地收入逐步提升，一旦经济好转，相信六福的估值不会停留在这么低的水平。

中国民航信息网络（HK. 00696）：大部分人购买机票都要用它的系统，公司的垄断性可想而知，关键是它的垄断地位几乎牢不可破——大量航空公司用的都是它的服务网络，这种核心网络一般不会轻易改弦易辙。缺点是，公司虽然盈利能力很强，但分红比较吝啬，同时正在大手笔兴建北京新运营中心，资本支出较大。人无完人，公司更不可能没有瑕疵，因此需要投资者合理评判。

实际上，好公司有很多，笔者仅是按自己的研究与认知水平，写出认为值得投资的公司，并不作为投资推荐。如果投资者没有时间投入研究，简单的策略就是转入指数基金及各种类型的 ETF。

本书正式面世之时，列举的相关公司股价有的已经有较大变化，公司经营也可能发生变化，因此读者应再次仔细评估书中列举的公司的投资价值。

第三节　钟摆理论

如果你不是那种死守一只或几只所谓的“好股”穿越牛熊的长期投资者，那么识别何时入场就是很重要的事情。所有的市场底，事前都是难以预测的，即使真正在最低点入市了，运气的成分也居多，所以投资者不应该妄图去猜底，真正重要的事情是判断市场所处的位置。**在有极大赢面的概率下入场并买到足够的筹码才是关键！**

什么是钟摆理论

识别进场时机，最重要的事情是认识市场的周期性。市场的周期性犹如钟摆的运动，时高时低。钟摆总是围绕着一个中心值在一定范围内做有规律的摆动，投资市场遵循钟摆式摆动特征，所以被冠名为“钟摆投资理论”，如图 14－2 所示。

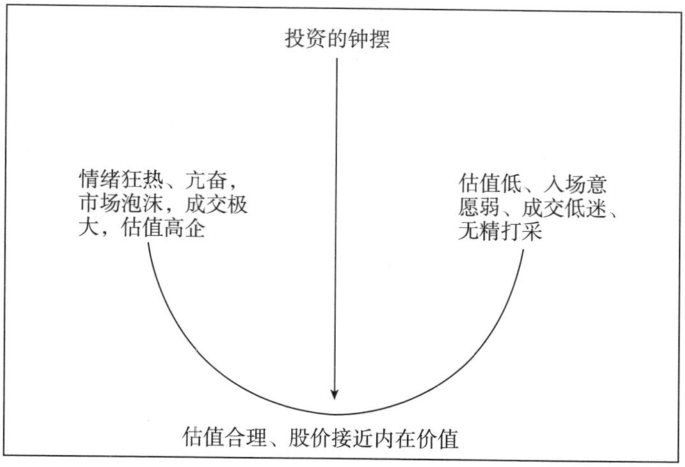

图 14－2　投资的钟摆

从图 14－2 可以看出，投资市场具有如下特征：

（1）投资者情绪或者说市场情绪总是处于兴奋或沮丧之间；

（2）公司的估值也随着情绪的变化或高或低，合理估值的时间短暂；

（3）在投资者沮丧、市场没有赚钱效应时，成交低迷，反之则成交放大，换手率高。

短短几天或几个月之内，所投资的公司或市场整体的估值水平可能会发生极大变化，而公司本身根本不可能有多少实质性的变化。投资者的心理改变（不是公司基本面改变）是引起大多数股票价格短期大幅波动的原因。投资者的情绪由低迷到兴奋或者狂热到沮丧，就如钟摆式的运动，从一端摆动到另一端。

明白了钟摆理论在投资世界里的运用，很多投资者可能就试图去抄底与逃顶，这就涉及对市场未来走势的预测。不过笔者认为，预测具有极大的局限性，或者说预测对指导投资有多大的价值，实在值得商榷。

市场可以预测吗?

对市场做出预测的各类投资者、机构、经济学家等，无一不是根据自身的经历、学识以及市场过往的变化推论而来，这就形成了各种各样预测观点，总是会有一些观点是正确的。华尔街的研究机构曾对一段时期内市场上的各种预测观点做过统计，发现预测的平均有效率仅在5%以内。既然如此，听从预测并以此投资有多大意义？预测一次准确很容易，但不重要，重要的是一直准确。而到目前为止的投资市场上，还没有人可以做到。

市场在某种程度上是可以预测的，但是预测的成功率很低，同时又没有人可以一直预测正确。因此，投资者应对市场上的各种预测，即使是名人、权威机构发布的，也要保持谨慎的态度。

预测有价值吗?

如果未来是可预知的，那投资就简单了，投资者只要一直按着预测的结果去决策，不需要为任何的损失担心，更无须采取风险防范手段，人人都可以成为投资市场的大赢家。但事实是投资世界是少数人生存的游戏，更是仅有极少部分人成为最后的大赢家。

我没有见过靠预测持续成功的投资者，所以预测并没有多大的价值，**因为预测的正确与否只有事后才能判断，而事前无法知道应该去选择相信哪一个预测**。大多数人所做的仅是听从权威机构的观点而已，如果你听从错误的预测并按此做出投资决策，后果将会很悲惨。

因此，预测对指导投资可以说几乎没有多大的实际意义。

投资者自己该去做预测吗?

笔者的答案当然是否定的。既然那些权威、名人、大型机构的预测都不具有参考意义，个人投资者更是没必要去做所谓的预测了。

那什么才是投资者应该做的呢？笔者认为，正确的方式是通过收集各种信息、结合自身的认识，去判断目前市场处在周期的哪个阶段，或者说钟摆朝什么方向摆动，即正确认识当前市场所处的状况。

预测未来很困难也不靠谱，但了解现在则要简单得多。市场的温度可以通过收集相关的信息、观察市场情绪来衡量。如果投资者可以大概知道自己处于周期的什么位置，据此做出相关决策，具有非常大的实际意义。

我们试着用上述的投资钟摆理论，来看看它是如何指导投资的。

首先是识别进场的信号，测测目前市场的水温。判断市场处于多低的位置，有几个因素可以参考。

（1）最主要的是市帐率。资产是实实在在的，不会说谎。目前，市场上不少优秀公司的市帐率都处于历史极低水平。

（2）股息率，如果股价高高在上，即使派息再慷慨的公司，也难以有足够吸引力的股息率水平。目前市场充斥着大量股息率在5%以上的公司，是非常好的说明。

（3）有大量的公司回购股票，而且是持续性回购。公司有没有价值，公司自己最清楚。除了回购，如股东大量增持，也是类似道理。

（4）市盈率，但这一指标有时有点假，因为行业周期不同。但假如行业不好而公司市盈率还是低点，也很值得留意。另外，市场成交量如持续下降，在一段时间内保持低位水平，成交持续低迷，也是一种信号。

上面所列的这些特点指的是港股市场现状，对于A股，笔者还没有能力判断。目前的港股，各种评判的指标都显示已经进入了可以比较安全狩猎的区域。

我们无法判断一个趋势会持续多久，也不知道它何时会反转；但关键

的是我们知道这个趋势终究会终止，没有任何东西可以一直存在，钟摆朝向一端高点的时候，必将回落到另一端。

第四节 了解市场环境

市场环境一般包含社会政治环境、人文法律环境与经济发展环境等。

社会政治环境一般指社会治安、政治体制的稳定性等；经济发展环境通常指国家的经济发展水平，如发达国家、发展中国家与落后国家之分，衡量国家的经济发展水平通常用GDP；人文环境是社会本体中隐藏的无形环境，是一种潜移默化的民族灵魂。

不同的市场环境对应不同估值以及市场偏好。

例如，中国是发展中国家，经济处于高速发展阶段，中国人一般体现为聪明、勤劳，但带有一定的小农意识。这样的环境促成的内地资本市场的特点就是更加偏重小型股，交易带有更多博弈成分，市场更看重各种热点，小型股的估值整体要比大盘高。

美国是一个典型的移民国家，具有开放、包容的特点，有危机感和责任感。国家力量强大，经济领先全球，是超级大国。其资本市场规模最大，体系最复杂也最合理，主板市场以及以纳斯达克（NASDAQ）为核心的二板市场、区域市场等发展良好，政策风险较低，各类型的投资者都可以按自己的偏好在市场找到合适的交易品种。

俄罗斯可以说是世界上最强悍的民族之一，特点为强权、强势。正因为如此，俄罗斯的经济偏科非常厉害，军事航天科技先进，民生工业落后，另外长期依靠油气资源及军备出口支撑经济命脉，注定了其市场波动极大，通胀严重，风险较大，难以长期稳定投资。

德国，干事认真、遵守纪律、遵循规则，德意志民族有坚韧不拔的性格。德国经济属于欧洲最稳定、通胀最小的国家，房价长期保持在合理水平，因而资本市场也较稳定，人民不爱炒股；但金融市场受欧盟其他国家拖累，银行出现一定的动荡。

英国，曾经号称“日不落帝国”，历史上也是人才辈出，对世界近代历史的发展举足轻重。英国资本市场发展历史久远，体系完善，伦敦更是位列世界前列的金融中心，但脱欧举动，给其前景带来一定的不确定性。

日本，表面恭谦有礼，却又野心勃勃。国家的危机意识比较强，二战后完全依附于美国。曾经造就了经济奇迹，以一小岛国之力拥有了世界极大的财富。1990 年，泡沫破裂之后的日本经济已经匍匐前行了 20 年，本土投资者遭受重创，一直没有恢复元气。日本证券市场主要是为大企业服务的。法人相互持股是日本股份企业的突出特点。日本的股票市场还有一个特征，外国投资机构（非日本本土的各种基金和投资银行等）占比非常大——外国投资机构的一举一动直接影响到日本的股市。

印度作为一个历史悠久的文明古国，是世界上人口第二大国，拥有近 11 亿人口，但却有 8 亿的穷人，基本消费品在印度有广泛的消费人口基础。印度制造业水平低下，服务业发达，其中软件承包和制药业在世界闻名；另外印度是个宗教盛行的国家，同时社会等级分化明显，社会相对腐败、诚信不足，因而资本市场既是一个有强大发展潜力，但风险又较高的地方。

越南、菲律宾等国家，面积不大，但却人口众多，经济改革有一定力度，发展较快，资本市场的波动也相对较大，受外部经济的影响明显，机会众多但风险也相对更大。

可以看出，不同的市场环境造就了市场的不同估值偏好。一般而言，社会越稳定、民主程度越高、政策变动越少、经济发展水平较高、等级分化不严重、人民多数能够安居乐业以及人口较为稠密的国家，风险更小，更适于投资；而其他发展中国家，虽然有更大的发展潜力，但政策风险与市场波动更大，在这样的市场中投资需要更强的掌控力。

似乎多数投资者并不关心市场环境，或者说无法选择市场环境，只能被动适应。但无论如何，投资者要明白，我们身处其中的这个市场的特点。

第五节　穿越牛熊

正如潮起潮落是自然的规律一样，市场的牛熊交替也是市场自身运行的规律。牛熊交替的周期短则一两年，长则五六年。因此，投资者应当思考如何在牛熊交替的市场里长期生存。笔者认为，**建立一套能够穿越牛熊的投资体系是投资最重要的事**。

市场上的投资派别可谓百家争鸣，但归纳起来无非两种，一种是以基本面为出发点的价值投资体系，一种是研判市场趋势及分析个股形态走势的技术体系。我们不能简单地说哪种投资理论更好，但一个显著的事实是，投资大师中，几乎没有一个是靠钻研技术而长期获取收益的。

所以，本书的内容几乎不涉及技术分析。笔者在投资初期曾钻研过一段时间技术，后完全放弃，转而寻求以基本面为投资出发点的投资体系，相信这才是股市长久生存之道。笔者认为，一个合理的、足以穿越牛熊的投资体系，应该至少具备以下五个特点。

保持足够的流动性

投资者作为个体，也跟企业一样，需要检查资产负债表。当企业的负债率过高，经营现金流不足，利息保障倍数过低，经营就可能难以为继。而个人，虽没有一个公司这么复杂，但当你负债过多（如房贷、汽车贷等消费贷）或者花销大于收入，就无法有过多的资金进行投资，流动性就很差。另一方面，投资的组合里如果是房产（无租金收入）、套牢而无分红或者日常交易量极少的股票、久期长的债券等，也属于流动性不好。

如果本身的现金流入很差，而投资组合流动性又不好，就很容易陷入流动性危机。一旦某些时候需要大额现金，则会捉襟见肘，即使表面看个人资产不低。所以保证一个良好的流动性是非常重要的。

流动性包含个人日常的现金流动性与投资组合流动性两方面。

个人资产流动性，需要评估自身的工资报酬、房产租金、股票分红及其他收入的总和相对消费的比值，一般比值超过 2，则基本上流动性无忧，或者说有更多余钱进行投资了；比值过低，尤其小于 1 的时候，则可能发生流动性危机。

组合如果包含不同类别的资产，如股票、房产、信托、债券、黄金、理财等，也需要适当考虑流动性。**当不同类别资产的相对价格发生变化时，有便捷的方式变现资产从而改变组合，提高价值**。例如，持有的黄金类资产价格上涨，如果是实物黄金，则变现不易；或者是长期债券，提前支取则会造成收益损失。所以投资时，需要适当考虑品种的流动性。

适度分散，多类资产配置

持有单一资产类别是不明智的。比如，黄金从历史价格曲线看似乎是持续上涨的，但由于货币增发、通货膨胀等因素，实际投资黄金也就是保持一个相对的购买力而已，谈不上资产的增值。而房产，在中国的一线城市，证明是最好的投资，可是如果是在三四线或者其他地方，就另当别论了。至于债券，国债虽稳定安全，但收益率一般，流动性也不好；企业债收益略高，要看等级与交易场所（有些债仅在银行柜台间交易，没有二级市场交易）。信托，以前都是刚性兑付，可是现在接二连三出现兑付危机。而股票更不用说了，时机掌握不好，有高位套牢的危险。

把鸡蛋装在一个篮子里看好篮子和不要把鸡蛋放在一个篮子里，并无本质区别，核心是能否看好篮子。但对大多数人而言，看好一个篮子并非易事，所以在可能的情况下，投资组合的资产应该尽量包含多种类别。当然，前提是对相关的资产有所认识，不能完全为了分散而分散。

期限搭配

所谓期限搭配，是针对所投资的资产能够产生现金流的时间而言的。例如，出租性房产，可能每隔三个月就有一次收入；债券要看利息兑付时间，一般一年一次；股票的分红一般发生在披露年报后 3 个月左右时间（少数有年中分红，如民生银行，甚至每个季度都分红）；理财产品根据期限不同，到期本息一次性兑付等。

另外，对于个人而言，有些时候也会发生负债的情况，如房贷、各种消费贷款、信用卡还款等，也都有固定的期限。要记住，大多数情形下，有固定期限的投资类别，比随时可变现的资产的收益要高。所以，投资者应该研究组合资产产生现金流的时间，结合自身负债还款时间，做好期限匹配，使收益最大化。

资产动态平衡调整

不同类别的资产在不同的市场环境下会发生价值的相对变化。例如，2008 年 7 月 11 日，纽约油价盘中创每桶 147.27 美元的历史最高纪录，而现在只有不到 50 美元每桶；黄金在 2011 年 9 月 6 日达到历史最高价——1920.80 美元每盎司，而现在不足 1200 美元；煤炭，如秦皇岛港的动力煤曾超过 1200 元每吨，而最低则不到 400 元。可见，各类资产价格在不同时期总是会发生变化，有时变化幅度还相当大。

那么，什么是资产组合的动态平衡呢？

笔者的理解是，设计一个投资组合，各类别资产总额所占的比重相对固定，而当某种资产由于价格显著上升或者下降，导致资产的比重发生较大程度失衡时，卖出或者部分卖出比重高的资产，置换入比重减少的资产，使各资产的比重大致恢复原先的水平。

各种类别的资产同时涨到高位或者同时下跌的情况很少发生，所以这样的设计会使资产组合总是比较均衡，并且我们需要根据资产的相对高低贵贱来做调整，使手里永远持有相对低估的资产。而收益则发生在从高估的资产调整到低估资产的时候，组合的“雪球”会不断滚大。至于组合的具体比例，投资者可以根据自己的情况进行配置。

风险应对

黑天鹅总会时不时出现。当然，风险不单指黑天鹅这么简单，风险包含所有一切可能导致目标资产价格下降的因素，有内部风险、外部风险，可控风险与不可控风险等，所以需要有风险应对的措施。关于港股投资风险的具体分析与应对，投资者可参见本书第十三章。

投资者应不时地把自身的投资组合与上述标准一一对照，如果有过分大的偏差，而这种偏差又没有合适的足以支撑的逻辑，则应当及时纠正组合的配置，使之回归到正常的比例之中。

儒家说中庸，投资需平衡。我们建立的这种投资思想体系最终要达到两种平衡，**一种是内心的平衡**，无论市场处于何种情形都可以处变不惊，卧枕安睡；**另外一种是收益与风险的平衡**，无须承担过多的风险，可以获取适当的收益。

第六节　一些有用的规律和经验

在港股待得时间长了，摔跟头多了，学费交够了，多多少少总会得到一些经验与教训。本节整理和罗列了笔者关于港股市场或个股交易的一些规律或经验，其中有很大一部分是与投资圈的朋友交流而来的，在此特别表示感谢。结论难免有误判、错判，但大体这么实践下来，胜率比较大。希望可以帮助大家进一步理解港股这个市场。

大概而言，投资港股要注意以下 18 个方面。

（1）如前文所述，香港证券市场以机构投资者为主，其中又以欧美等国家的机构居多，这些机构投资者对所买的股票是有市值规定的，一般至少不小于 10 亿美元。所以，市场中的中小市值股票非常缺乏流动性，每天仅成交几手甚至 0 成交的个股非常多。如果资金量较大（比如超过百万港元），一旦需要调仓或急需用钱时，估计得大幅度削价才有人接盘。所以，资金量大的投资者投资小盘股，最好采用较为分散的方式。另外，一定要避免在高位买入小盘股，因为一旦市场下坠，与A股不同，这些小盘股跌起来是没有底线的，跌掉90%也不为过。

（2）尽管经常会听到不少乌鸡变凤凰的例子，如某些公司的股价一夜间可能涨好几倍。但如果自己对财技公司不熟或没有经验，最好不要碰财技类公司。普通投资者最好还是遵循价值投资的理念，注重基本面、投资蓝筹股或中型股为好，应有长期持股与公司共成长的心态。

（3）对于公司股权过度集中的，最好保持警惕。香港规定上市公司股票在二级市场的流通量应达到25%以上（市值超过百亿的经向港交所申请批准后可以缩减到15%）。有的公司股权非常集中，如江南集团以及最近的恒大健康，就被联交所提示股权过度集中的风险。这些股权集中的公司，股价更容易受操控，有更大的诱因去供股，投资前最好三思而后行。

（4）回购一般体现为利好，大多数有回购行为的上市公司都是认为自己的股价被过度低估。通过回购股票，一方面有利于提高老股东的每股收益，同时也是维持二级市场价格、提高投资者信心的利好行为。但有时要注意，有些公司的回购有时仅仅是做做样子而已，如每年年报后，董事会都会提请股东大会审议批准董事会在来年适当的时候回购不超过10%的股本而不需要再开股东大会。但很多时候，公司其实只是象征性地回购一点股票。所以公司开始回购时，投资者不要着急买入，可先观察一段时间，看公司回购的数量，是否真的有诚意。

（5）如果有公司被质疑是“老千”公司，那最好不要去碰！因为被质疑的公司绝大多数都有问题，都引起股价大跌，少数可以反击回来，但也要经过很长时间。

（6）“丁蟹效应”，这个实际上不是个人的经验，而是香港股票市场的一个奇特现象。1992年10月，香港无线电视播放由郑少秋主演的电视剧《大时代》。故事讲述由郑少秋饰演的丁蟹，经常在股票市场的熊市中借着抛空恒生指数期货而获取暴利，正好当时香港股市暴跌，股民损失惨重，因此得名“丁蟹效应”（又称“秋官效应”）。此后，几乎每次郑少秋参演的电视剧、电影或节目播出时，股票市场都会有显著下跌，郑少秋与“股患”画上了等号。“丁蟹一出，股市就泻”，这句香港股民眼中的金科玉律被广为传播。

（7）港股股价对业绩反映明显，投资者对所投资的公司应投入更多的时间去研究分析，同时尽量选择自己比较熟悉的领域投资，这样对行业的冷暖、公司的经营会有一个感性的分析。

（8）港股的信息披露，尤其是财报方面的披露不甚透明。财报通常做得花花绿绿，但实质性的内容不多。投资者可查看公司的财报及上市公司的网站，如果都得不到有用的信息，分析起来比较困难，就尽量回避。

（9）与A股相反，港股蓝筹企业的估值一般比小盘股高。因此，很多A股投资者转战港股后都很不适应。例如，地产行业，一线公司如中海外、万科，估值远比二线企业，如宝龙地产、宝业集团等高得多。这个现象基本适用于所有行业的估值。我们无法简单说这一现象是否合理，其背后深层次的原因，应该还是与香港市场以外资为主的资金结构有关。因为他们需要流动性，需要随时变现，而只有大股票才具备这些特征。

（10）在A股打新股，二十年不败，港股完全不同。港股一般会保证每人中一手，新股开盘完全可能破发，新股的基本面及时机非常重要。例如，券商股华泰证券认购逾277倍，但开盘也仅仅涨了3.83%，而后来同样的券商国联证券，招股价8港元，首日开盘7港元，收盘5.51港元，跌幅较招股价达31%，如果再用孖展（相当于A股的融资买股）则损失更大，所以港股的打新也要慎重。

（11）新股及次新股买入要慎重。据统计，香港的新股在一年半载内大部分会跌破发行价，不少公司股价会腰斩。一般而言，大多数新股的业绩在上市前都经过不同程度的粉饰，次年业绩变脸的比比皆是，所以不要轻易碰新股，尤其是民营企业的新股。总之，投资港股得坚持一条原则，上市没超过3年的民营港股，坚决不能碰。国企股这方面的地雷比较少，但也要给予足够的时间观察。

（12）审计机构没有到期，而突然更换核数师的公司，十有八九有问题；或者被审计机构出示如无法表达意见的，投资者最好远离。如四环医药，本来是挺知名的公司，出了负面的审计意见后，就长时间停牌。

（13）尽量不要涉及衍生工具。香港股市可以很方便地投资备兑认股证和牛熊证，但普通投资者请一定不要去碰它们。买卖股票并不是零和游戏，并不是买的人赚钱了，卖的人就亏了。它的背后是一个企业，本质上赚钱是靠企业盈利。但备兑认股证和牛熊证并不一样，它们往往并没有百分之百对冲，本质上就是庄家和赌客对赌，他们恨不得你输得精光！

（14）有合股历史的公司基本就不要碰了。另外，要仔细识别港股的增发、配售、低价发行认股权证等行为。细心留意公司是否有“前科”，无缘无故地配售、发行大量低价认股权证的一定要远离。而对于高速发展中、市场形象正面的公司配售集资，一般参与问题不大，可以享受公司高速发展的成果。

（15）A、H 公司的折价与溢价变化。有不少公司是 A、H 两地上市，市场不同的热度时期，同一公司的价格经常会发生相对变化，这在金融行业的银行、保险尤其明显。有时利用这种相对的股价变化可以获得不错的相对收益。但有可能，**这种相对价差会保持相当长一段时间**，买入前一定要有心理准备。

（16）注意港股的股评家与财经演员，谨防被误导。财经演员这个名词，是香港一位很有名的评论家蔡东豪（笔名原复生）对股评家的称谓。财经演员一般分为两类，一类是语不惊人死不休；一类圆滑，面面俱到，但实际都一样，都没用。

（17）在香港市场，投资人更重视公司稳健的派息政策和派息历史，因为这既证明公司财务报表数据真实的可能性很大，同时也证明公司的大股东是比较厚道的，起码重视小股东的基本利益。所以，那些从来不派息的公司一般投资人要小心。

（18）在港股市场上流行一句顺口溜：“圣诞钟，买汇丰。”即在每年圣诞节前后（12 月末至 1 月初）买入汇丰控股（HK. 00005）的股票，很可能会有较理想的投资回报。实际上，所谓“圣诞钟，买汇丰”，主要是港股投资者根据一些基本面因素所总结的投资技巧。这一投资策略背后的逻辑是，第一，通常汇丰会在每年的 11 月公布本财年第三季度业绩，而三季度是港股传统的“投资季”；第二，到了第四季度，是多个传统行业资金周转较为困难的时期，香港银行业大多数会在这个时间大举出动，在三季度和四季度大做借贷、融资及资本开支性生意，汇丰也不例外，所以汇丰在下半年的经营收入要比上半年好；第三，按惯例，汇丰一年会派发四次股息，年底可能有一次派息，因此吸引了热衷于收取股息的投资者买入；第四，投资者大多对汇丰在次年初发布的上一财年的业绩有所憧憬，各大投资银行也多会唱好汇丰的投资价值和前景。

第十五章　搜罗便宜货

目前的港股市场可谓充斥着大量的便宜货。但是，有的是沙中珍珠，有的则是裹着黄铜外衣的垃圾。投资者应睁大眼睛，仔细筛选，对捡到手的“宝贝”保持耐心，等待价值回归、股价绽放的时间到来！

第一节　怎样才算便宜货

便宜货的内涵

这里的便宜并非仅仅指股价低、市净率低，而是综合了公司的资产（包括隐蔽资产）价值、业务价值、分红水平等，多方面衡量，公司实际价值与市场价格对比之后的一个便宜价格。

便宜货的鼻祖应该是本杰明·格雷厄姆，其倡导的安全边际理论深入人心，被价值投资者奉为圭臬。而笔者要说的，是另一位大师级人物——约翰·聂夫——执掌美国温莎基金长达 31 年，22 次跑赢市场，投资增长 55 倍，年平均收益率超过市场平均收益率达 3% 以上。约翰·聂夫从 1960 年成为温莎基金经理后，多年来，无论市场如何变化，始终采用一种投资风格，其主要特点是：

（1）低市盈率水平；

（2）公司业务基本增长率超过7%；

（3）收益率有保障；

（4）总回报率相对于支付的市盈率两者关系绝佳；

（5）除非从低市盈率得到补偿，否则不买周期性股票；

（6）成长行业中的稳健公司；

（7）基本面好。

笔者深受约翰·聂夫投资观点的启发。约翰·聂夫的每一条原则，几乎都是指要投资物有所值的公司，要投资内在价值高于市场价格的公司。

如何衡量便宜货

便宜货的价值在于其不合理的低价位——因而具有不同寻常的收益—风险比率，因此他们就是投资者的圣杯（摘自霍华德·马克斯的《投资最重要的事》）。

如果一份资产的售价比它真正的价值低50%甚至更多，那这就是投资者们想要的便宜货，也如巴菲特所说的，值1美元的东西仅以0.5美元的价格在市场出售。有时令人不可思议的是，市场甚至会出现惊人的折扣，资产不仅以0.5折出售，甚至连0.2、0.1折都会出现。

便宜货是可以衡量的，例如，当市场的无风险利率水平在3%的时候，一处供出租的房产能有6%的出租收益，就可以视为便宜货；一个优质的、经营稳定、持续派息的公司，股息率收益远高于市场资金成本的时候，也可以认为是便宜的；或者一家公司拥有众多的资产，而公司又计划出售这些资产，但公司的市值比可供出售的资产还低的时候。

衡量便宜货的标尺就是：目标公司在二级市场被交易的整体市值与公司拥有的（包含隐蔽性质的）所有可辨认的资产在公允市场能够交易的价格总值的比值，该比值越低，公司越显得便宜。

高估的市场里往往只有相对便宜的公司，挖掘便宜货的难度大大增加。港股市场目前整体的市盈率仅有10倍左右，恒生国企更是只有8倍市盈率，市场估值处于全球洼地，成交低迷，显然是便宜货“滋生的温床”，也是低价股猎手梦寐以求的地方。

第二节　为什么会出现便宜货

为什么会有便宜货，而且是不合常理的便宜货？我们首先要试着接受市场有时是无效的这一观点，因为便宜货就意味着市场的定价错误。

市场失效

投资市场是由个体组成的，不同的个体有不同的思考与判断。同时，随着计算机的发展，出现越来越多的程序式交易，但其背后的主体还是人。人会表现出极大的主观性，大多数人都会有贪婪、恐惧、妒忌、从众等心理，情绪波动明显。

例如，不同的人使用同样的方法，分析相同的投资标的，得出相似的估值结论，但在不同的心理驱使下，会有截然不同的交易决策——恐惧使人卖出，贪婪使人买入。而当悲观情绪笼罩市场时，从众心理会导致卖出大于买入，加速市场向下，估值重心不断下移，衡量价值的标尺已被丢弃，市场开始无效，便宜货开始大量出现。

当然，便宜货多数时候仅出现在市场估值比较低，成交低迷的时刻，折扣越大显示市场情绪越低。例如，2008年，上证综指从6124点一路狂跌到1664点低位，下跌幅度超过72%，市值缩水最多时达到22万亿元。按照当时中国证券登记结算公司的数据统计，那时A股账户共有1.2亿个，如果把这22万亿元蒸发市值，按其中流通盘的比例约8万亿元平摊至每个投资者身上，平均每户亏损13万元。市场一片哀号，最惨的个股如云南铜业，股价从98元跌到6.8元，跌幅可谓惊人。

而此时，市场也涌现出了众多便宜货，如贵州茅台不到40元、云南白药10元、招商银行5元多、格力电器3元多（都按前复权价格），等等。上证50的整体市净率仅有约1.2倍、沪深300指数的整体市净率不到1.7倍，市场的整体估值水平也处于历史低位。

香港市场也发生过多次股灾，典型的如1997—1998年亚洲金融风暴下的股市暴跌。1997年10月22日至28日，香港恒生指数下跌3343点，累计跌幅达27%，其中10月23日单日下跌高达10.4%，到1998年1月，恒生指数已跌破8000点，仍遭受国际大机构的持续打压，到8月13日，指数最低跌至6660点，如图15－1所示。

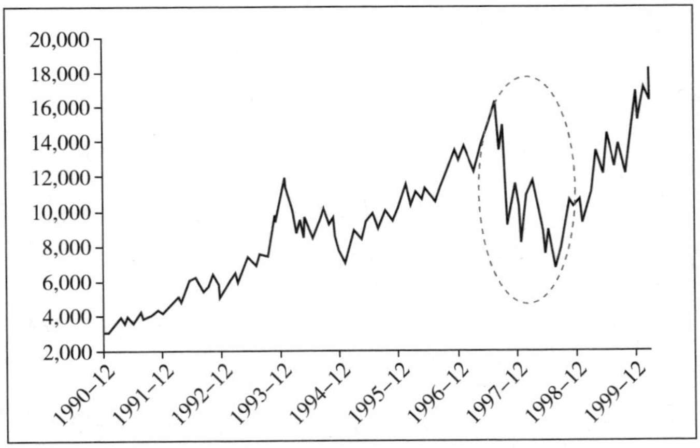

图15－1　1990年12月—1999年12月恒生指数

买进的绝佳机会

买进的绝佳机会出现在资产持有者被迫卖出的时候，在危机中这样的人比比皆是。如果强制卖家过多，混乱大规模扩散，资产以“不计价格”的方式卖出，这时，作为交易的另一方，即买家，进场也需要极大的勇气——过早进场会带来浮亏及亏损持续扩大的心理压力。只有具备深刻的洞察力，并能承受巨大心理压力的投资人，才敢于在这个时候入场，与错误的人站在相反的一边，利用市场的无效性买入大量定价错误的便宜货。

这种情形正如1974年10月初道琼斯指数从1000点狂跌到580点，美国几乎每只股票的市盈率都是个位数，没有人想再继续持有股票，每个人都在抛售股票。然而，在市场一片悲观声中，巴菲特高声欢呼。他在接受《福布斯》的记者访问时说：“我觉得我就像一个非常好色的小伙子来到了女儿国，投资的时候到了。”

第三节　便宜货筛选

买入前的准备工作

在打算买入便宜货之前，投资者应认真思考下面 4 个问题。

（1）交易总是双向的，你是否真的比资产的卖家知道得更多？

（2）便宜货的背后是否隐藏了其他我们没有估计到的风险？

（3）你是否清楚便宜货的真正内在价值？

（4）买了这些便宜货之后，如果价格继续下跌怎么办？你能持有多长时间？

总而言之，在买入便宜货之前，投资者一定要全面考察便宜货是否真的便宜，而非投资者自身一厢情愿地认为便宜。

便宜货的特点

什么样的公司才有可能是便宜货呢？这些公司有没有一些共同的属性？一般来说，便宜货公司都具有以下一种或几种特征。

（1）公司拥有大量按现有可比价格价值巨大的资产，但资产按成本法入账且没有重估过；或者公司拥有没有体现在账面上的但对公司主业有裨益的无形资产。

（2）公司的短期经营不甚理想，却拥有大量的现金，财务状况十分好。

（3）公司的股价相对账面资产大幅折价，公司的资产并非无效资产。

（4）公司遭遇行业周期低谷，业绩下降，而股价过度下滑。

（5）公司受个体丑闻困扰、行业对手诽谤等而阶段性大幅下跌。

（6）公司经营正常、派息优厚，但所处行业非常冷门，不被一般投资者所关注。

（7）公司遭受调查、指控等不利事件，造成股票被过度抛售。

（8）公司处于成长中，但所从事的行业可能较为特殊，不为投资者所了解，如一些管制的化学品、国防军工保密行业等的公司。

总之，便宜货公司的出现可能是内在的原因，也可能是外部的因素促发，没有无缘无故的便宜。

当然，根据以上特征找到便宜货之后，投资者还需再用一些更严格的条件来筛选目标公司，以防踏入价值陷阱或“老千”圈套。

第四节　搜罗便宜货

牛市在悲观中诞生，在怀疑中成长，在乐观中成熟，在兴奋中死亡！最悲观的时刻正是买进的最佳时机，最乐观的时刻正是卖出的最佳时机。

——约翰·邓普顿，1994 年 2 月

搜罗便宜货，当然要在市场低迷与悲观的时候。目前香港证券市场里存在不少便宜货，**但相当部分可能是“伪便宜”，投资者需要睁大眼睛**。笔者把便宜货归类为 5 种，如高资产折让、高隐蔽资产、高现金低市值、高股息率、行业困境等。不少公司甚至具备上述几种特征，如处于行业困境的公司，往往也是资产折让大。根据上面的思路，我们试着来寻找几类便宜货，当然，**是否真正便宜，需要各位看官自己分辨**，这里仅仅是提供一个思路。

高资产折让型公司

例如，达利国际（HK. 00608），为全球知名的丝绸纺织及服装企业，

2014 年北京 APEC 领导人新中装真丝面料供应商。截至 2015 年中期，账面资产每股 8. 32 港元，股价 2. 55 港元，市帐率 0. 3 倍。资产中投资物业高达 10. 58 亿港元，达利国际同时也是一个净现金公司，账面净现金约 3032 万港元。达利国际多年持续派息，近 5 年派息分别为 10 仙、20 仙、20 仙、22 仙及 18 仙，相对现在的股价，股息率也极具吸引力。同时，达利的股东持续增持公司股份。

类似还有大酒店（HK. 00045）、安全货仓（HK. 00237）、中华汽车（HK. 00026）、香港华人有限公司（HK. 00655）、力宝（HK. 00226）等，投资者可以通过相关的证券分析软件筛选公司。

对这类高资产折让型公司，**投资者应注意便宜陷阱**，配合公司的分红历史来筛选，会有比较大的成功率。

高现金比例公司

例如，天津发展（HK. 00882），截至 2016 年中报披露，账面现金及存款合计高达 60. 32 亿港元之多，而有息贷款长短期相加仅有 30. 65 亿港元，简单计算后可知，公司的账面净现金高达 29. 67 亿港元，而公司 2017 年 3 月市值仅约 43 亿港元，净现金占市值比接近七成。

这里仅指出天津发展具备高现金市值比这一特征，至于公司的主营业务有多大价值，读者可自行研究。计划投资这一类公司之前，应该做更多的工作，提高确定性。

港股市场高现金比例的公司为数不少，如金邦达宝嘉（HK. 03315）、中远海运国际（HK. 00517）及中外运航运（HK. 00368）等，不少公司都质地优良。

港股持续低迷，导致不少公司都非常保守，常年拿着大量现金。也有部分是由于资产出售，如粤海置地（HK. 00124），公司卖掉金威啤酒后转型地产公司，目前也处于高现金状态，但这类公司由于要转型，所以实际这些现金是不会派发的，投资者要注意。

高股息率公司

在目前的港股市场，可以很容易找到常年股息分配比较稳定、股息率也不错的公司。这类公司往往具有稳定的主营业务，现金流好，因而也具备持续分红的条件。笔者试着举例如下。

谭木匠（HK. 00837），主营业务很不出众，就是梳头的木梳而已，再加上一些配饰。但翻看年报，则会发现谭木匠主营业务的毛利率常年维持在60%～70%，相当惊人。同时，谭木匠作为零售型企业，有众多连锁门店，现金流非常好。正因如此，谭木匠可以常年保持非常好的派息水平，近几年分红派息如表15－1所示。

表15－1　谭木匠分红水平

执行日期	类型	分红金额（元人民币）
2016－5－30	分红	0.2922
2015－5－29	分红	0.3228
2014－5－26	分红	0.3202
2013－5－27	分红	0.3126
2012－5－22	分红	0.2297
2011－5－13	分红	0.1571
2010－6－3	分红	0.1045

按目前的股价，股息率高达6.7%，而港币一年期定存甚至不及1%。其他的高派息股，例如AEON CREDIT（HK. 00900）、ROAD KING INFRA（HK. 01098）、华厦置业（HK. 00278）、WAI KEE HOLD（HK. 00610）、龙记集团（HK. 00255）、信佳国际（HK. 00912）等，名单还可以列出很长一串，读者可自行筛选。

身陷行业困境的便宜公司

由于世道不好，很多靠天吃饭的公司业绩一落千丈，股价更是惨不忍睹。一旦周期反转，不少行业里优秀公司的盈利能力会大幅提升，股价自然也会一飞冲天。这一类型的公司往往跟经济基本面结合得非常近，在中国固定资产投资下降、国际油价大幅回落之时，行业困境的公司主要集中在水泥、煤炭、钢铁、油服、实体零售及二线地产等板块。例如，亚洲水泥（中国）（HK. 00743）、宏华集团（HK. 00196）、中国建材（HK. 03323）、珠江钢管（HK. 01938）、中国奥园（HK. 03883）、新城发展控股（HK. 01030）、大悦城地产（HK. 00207）、粤海置地（HK. 00124）、中国神华（HK. 01088）、伊泰煤炭（HK. 03948）、建滔化工（HK. 00148）、迪生创建（HK. 00113），等等。

上述公司不少基本面都比较差，如果行业的寒冬足够长，不少公司可能挺不过去，股价仍然有可能持续下跌。也有如中国神华这样竞争力强的公司，股价看似便宜，但投资难度仍然比较大，原因在于投资者难以洞察行业何时反转。如果投资者属于行业内人士或具备深刻的洞察力，能够提前感知春天的到来，投资这类便宜的公司，结果是很美妙的。

不同的便宜公司具有不同的特征，有些公司可能混合了好几种便宜货的特质，如不但具备高资产折让，同时还派息丰厚、财务结构良好、主业也相对稳定，这类也是投资者长期投资的首选。

投资者在寻找便宜货的同时，**关键是确定便宜背后的深层次原因**。找到便宜货，静静等待，等待市场先生的热情再次高涨，价值得以兑现的时机到来。

第十六章　投资案例分享

本章将分享一些笔者实际操作的投资案例。对于普通投资者而言，最需要学会的就是分析一家公司是否值得投资。核心要抓住三个要素，一是投资的逻辑链条清晰，二是要抓住影响分析结论的关键要素，三是对风险的识别与把握。

本章分享的案例都是阶段性的，如在一个 1 ~ 3 年的投资期限里。要特别提醒投资者，筛选与分析公司与投资者自身的投资风格、投资偏好、能力范围等是密切相关的，我喜欢的公司并不一定也能吸引你，投资者需要学习的是如何去分析一家公司。

第一节　亏损案例

本节分享几个笔者投资中造成账面实质性亏损的案例，属于港股投资中比较典型的案例。虽然失败是一件丢脸的事，但希望读者可以从中有所借鉴，可以在以后的投资中避免此类错误。其中有少数公司笔者仍然持有。市场没有股神，投资中出现阶段性亏损是正常的。但是，判断投资一家公司在发生亏损时，是及时止损离场，还是继续持有，甚至越跌越买，才是投资者要做的最主要的功课，也是评判投资分析能力的重要标准。

案例1　阳光油砂（HK. 02012）

选股背景

阳光油砂有限公司是一家加拿大油砂公司，主要在加拿大阿尔伯达省开采油砂。2012 年 3 月在港交所 IPO，发行价 4. 86 港元，集资 43. 5 亿港元，成为踏入 2012 年以来集资额最高的新股。

公司在 IPO 时获得中投、中石化和美国资产管理公司 EIG Global Energy Partners 三家基础投资者约 3. 5 亿美元的协议认购，其中，中投和中石化分别认购 1. 5 亿美元、EIG 认购 5000 万美元。而中银集团投资及中国人寿亦是股东之一（这也是到目前笔者所见过的一家私营企业引入的最高规格的战略投资者组合）。

公司刚上市的 2012 年，平均日产量为 2000 桶，但招股书预计 2013 年将提高至 5000 桶，2014 年增至 10000 桶，2015 年则增至 20000 桶。产量可以说是一年一个大台阶，当时的国际油价大概在 120 美元左右。经评估，油砂项目的盈亏线大概在 65 美元左右。当时普遍预测油价将上升到至少 150 美元，更夸张的预测是 200 美元。按照市场当时的预测，阳光油砂的项目一旦如期投产，而油价变动不大的话，公司获利将非常惊人。所以公司在上市初期也获得热烈追捧，股价一度达到 4. 92 港元。

投资过程

笔者于 2013 年 5 月首次买入，价格为 2. 03 港元，距离前年的最高点已经腰斩一半还多（觉得便宜了）。此后，随着股价的下跌而逐步加仓，由于股价基本都是单边向下，所以基本每次加仓都是被套。最后在 2014 年 11 月以 0. 78 港元的价格斩仓，亏损高达 40%，这成为笔者投资港股以来单只亏损比例最高的个股。

当时不断加仓的理由有：

（1）公司报表虽然显示项目进展迟缓，但展望乐观，同时预计有新的油砂项目获批开发，而国际油价仍然高企。虽然项目未投产，但前景仍然诱人。

（2）公司的管理层不时在某知名的财经网站与投资者沟通，似乎非常坦诚。

（3）高管有增持行为。

在这样的背景下，即使不加仓，投资者也大部分会选择坚守，因为投资的理由似乎没有发生变化。

经验教训

阳光油砂投资的失败固然有周期变化太快的客观因素——油价在 2014 年短时间里如此暴跌，实属罕见。但如果投资时能够更加慎重，虽然亏损是不可避免的，但从主观上完全可以减少亏损的程度。笔者认为投资阳光油砂失败，主要的教训有如下 4 点。

（1）过于迷信战略投资者的背景，中投、中石化、人寿、美国资产管理公司，这些公司的入股使自己对公司的资产质量抱有极大的信心。但实际上，阳光油砂的资产在加拿大阿尔伯达省属于二流资产，质量很一般。

（2）对于经营亏损的企业，尤其是矿产资源类，应该要相当警惕，起码等到公司项目真正投产，有真正的现金流，降低业绩的不确定性。

（3）管理层的操守有问题。管理层貌似诚恳的交流，是促成加仓的主要原因之一，但事实证明，项目并没有如该管理层所说的那样美好——项目一再推迟，费用一再追加，管理层的能力与操守实在不敢恭维。

（4）从主观上讲，在已经亏损及持续扩大亏损的情况下，没有出现比当初买入更好的理由、公司的基本面也没有改善，不应该轻易加仓。

案例 2　神冠控股（HK. 00829）

选股背景

根据公司介绍，它是中国最大的食用胶原蛋白肠衣产品制造商，以“神冠”品牌经营，具有 30 多年的研发和生产胶原蛋白肠衣的历史，是中国首家取得食用胶原蛋白肠衣技术发明专利的公司，并拥有一批国家授权的发明专利。

神冠控股的客户基本涵盖了中国主要的肉制品公司，如双汇、雨润、金锣等，因此有理由相信它的业绩是比较真实的。主营接近垄断，遥遥领先于国内的竞争对手。另外，公司财报披露的毛利率超过50%、净利润率高达39%；财务状况极佳，处于净现金状态。公司为恒生综合指数、恒生综合行业指数——消费品、恒生综合中型股指数及MSCI全球小型股中国指数等4个指数的成份股。公司聘请的审计机构为安永会计师事务所，可信度高。

神冠虽然在2014年9月遭受沽空机构袭击，但公司随后发布了有力的澄清，同时增持股份，更是把2014年的派息比例提高到55.7%。在遭受沽空机构做空后，公司竟在之后获得另外一家匿名分析给予“强烈买入”的投资评级。沽空机构匿名分析于2015年3月25日发表了关于神冠控股的详细报告，指出神冠是一家真实且盈利能力强劲的公司，早前却被错误地指控财务造假，并给予集团“强烈买入”的投资评级。

匿名分析报告长达21页，称其取得的税务资料显示，确认神冠毛利率及盈利数据皆准确无误，更不涉及欺诈。报告指该机构从行业访问中得悉，神冠为中国肉类企业最喜欢的胶原蛋白肠衣供应商。报告亦指该机构曾前往神冠三个厂房进行调查，除显示其拥有规模大且维护良好的设备外，亦观察到公司货运频繁且工人众多。

公司获沽空机构做空，但过后又获另一家沽空机构力挺，这是非常罕见的。因此，投资者会有很多理由相信此前的沽空机构不专业，或是恶意为之。

总而言之，在消费品领域，神冠控股被认为是一家具备高盈利能力、主营业务有强大护城河的公司。除了主营收入下降、盈利下降之外，其他各方面都非常好，而股价也处于历史低位。买入的理由很充分了吧?

投资过程

笔者于2015年5月首次买入，价格2.30港元左右，随着股价下跌，分别在2港元及1.80港元附近继续加仓。此后公司发布中报，业绩继续下降，股价随着大势继续下跌。公司持续高库存状态，经营未有明显好转，最终在1.45港元亏损价格下清仓。

在这过程中，加仓的理由有4个方面。

（1）公司高管当时以2.16港元的价格行权，与笔者选定的买入价2.30港元接近。内部人应该更了解公司状况，因此增强了笔者的投资信心。

（2）公司盈利能力仍然很强，虽然继续提升比较困难，但高分红和低估值抵消了这一不利点。因此，判断一旦业绩提升，股价应该体现比较明显。

（3）公司在胶原蛋白方面有不错的技术积累，并且计划进军新领域，收购了一家药企，因此有所期待。

（4）大股东连续增持约400万股，价格在2.40港元附近，高于笔者的买入价格。

截至本书完稿时，神冠控股的股价大约是0.6港元，惨不忍睹。

经验教训

神冠控股的总投资比例虽然占整体比重较小，但单个投资出现比较大幅度的亏损，在笔者的投资生涯里还是比较少见的，因此有不少值得反思的地方。

（1）前文论述的港股投资风险，神冠就占了几条，如某些财务指标特别好（但由于基本没有同类公司可比较，在接近垄断的情形下，笔者选择相信这样的财务指标，当然目前仍然无法证伪）。

（2）遭受沽空机构做空后，无论公司如何澄清，短期内都是不应该介入的，但在另一沽空机构推荐这种罕见事件的推动下，笔者还是选择相信公司而买入（主观判断受影响了）。

（3）随着股价下跌，继续加仓。加仓是没有问题的，问题是不确定公司基本面是否好转，而仅凭大股东增持、高管行权这样的信息，实际上加仓的理由是不够充分的。

隔行如隔山，要想对某一不熟悉的行业有深入了解也是千难万难，对于公司业绩的预判更无从谈起，因此，要选择自己熟悉的，有一定把握能力的行业与公司，可以在一定程度上减少对公司基本面误判的风险。

案例3　佳兆业（HK. 01638）

选股背景

买入佳兆业带有较大的投机性质，属于事件性的投资。当时公司爆出房源被锁定引起股价大跌，同时大股东又溢价转让11.2%给生命人寿，每股作价达2.898港元，转让后生命人寿持有29.96%股份，为单一大股东。恰逢笔者投机雅居乐地产成功（雅居乐也是爆出董事长及主席被监视居住，公司传出债务危机，引起股价大跌甚至跌破已处于极低价格的配股价，个人经过仔细分析后，以低于配股价下方大量买入，此后股价反转，短期获取极好收益），信心满满。在这样的大背景下，又分析了佳兆业的财报，发现公司仍然有高达百亿的账面现金，足够偿还有息的负债。2014年9月，公司合约销售共约194.05亿元，合约销售面积则为191.1万平方米，同比分别增15.7%及5.5%，销售势头不错；自2012年起，佳兆业92%的新购土地储备均位于一二线城市，土地成本较为低廉。2014年上半年土地储备达到2360万平方米，覆盖五大经济繁荣区域的28个重要城市，在建总面积达860万平方米，98.4%集中在一线城市、省会城市，如深圳、南京、成都等。

因此综合判断，佳兆业作为知名企业，在深圳地产市场占有率比较高，持有不少优质项目，且单一最大股东生命人寿实力强大，一旦公司从房源被锁的困境中走出来，以佳兆业的资产质量，应该是大大低估了。

投资过程

于2014年12月首次以1.72港元的价格开始买入，并随后进一步增持。但随后爆出大股东及公司主席郭英成避居香港，辞任公司主席，从而引发债务违约（根据相关债务发行条款，在债务期内主席辞职算债务违约），被锁定的地产项目进一步增多。股票停牌时隔一个月，经过一系列的变动，融创中国计划收购郭氏兄弟 49.25% 股权，收购价格 1.8 港元。此后佳兆业的股票于 2015 年 2 月 9 日下午开盘后复牌，涨幅最高时达到 32%，盘中最高 2.1 港元。笔者在盘中增持，成本上升到平均约 2 港元。

但是，融创最后没有收购成功（原因显然极为复杂），而众多债权人申请查封公司资产，公司基本面临破产境地。笔者大概在均价 1.70 港元附近亏损 15% 离场。

经验教训

投资佳兆业失败有多方面的原因，客观原因主要有 3 点。

（1）公司财报显然是有问题的。融创进驻后，披露出来的佳兆业表外负债庞大，净资产损失一半。投资者被欺骗了。

（2）大股东的道德风险，同时加入了政治博弈的东西在里头，已经不是单纯的市场规则下的交易了。

（3）信息不对称，一旦出问题，风险极大。例如，为何出事后生命人寿还愿意高价接手股份，政府何时解锁相关楼盘，公司的债务到底是什么样子，投资者完全无法了解。所以，对于民营的地产企业，尤其企业负债率高的话，应当慎之又慎！

主观因素主要有 3 个方面。

（1）这笔投资刚开始是投机性质，仓位不大，但之后没有控制好投机的本意，进一步加仓，受投机雅居乐反转成功的影响，自信过度，而对危机的警惕性不够。

（2）公司复牌时，幻想融创接手后，可以渡过难关，没有抓住机会退出，反而增持，是极大的错误。

（3）公司危机时应该买入公司债券而非持有股票，因为一旦发生破产，在资产清偿时债权是优于股权的。

投资佳兆业失利，使笔者对房地产公司尤其是民营性质的地产上市公司的戒备心理大幅上升。地产行业的上市公司，对普通投资者而言，需要更深入地挖掘公司的表外负债、大股东操守等隐性因素，关注政策变化，投资难度较大①。

案例4 华电福新（HK.00816）

选股背景

华电福新是央企华电集团旗下主要的新能源发电上市平台，产业布局涉及水电、风电、火电、核电、太阳能、分布式能源、生物质发电等7个领域，是多元化清洁能源供应商。公司近几年持续扩大资本支出，权益与发电量均增长较快，营收逐年提升，业绩持续增长。作为一家主营电力生产与销售的公用事业类公司，公司的盈利较为稳定且有继续增长的潜力，而公司的估值却相比市场同类公司低。截至2015年4月，港股市场处于阶段高点时，市盈率大概是10倍左右。在此背景下，华电福新应该是一个不错的投资对象。

但是，公司负债率一直比较高，这是一个隐忧。虽然公用事业公司的高负债率是行业普遍现象，但是华电福新的负债率高于行业均值。2014年年报显示，负债率超过100%。

投资过程

2015年5月，笔者在2.7港元左右开始买入，对应的估值为10倍市盈率，恒生指数大概在27000点的阶段高点。对于一家公用事业公司而言，价格确实合理。

买入后，股价持续下挫，但公司并没有什么大的利空，因此随着股价的下挫而逐步加仓，一直加仓至2015年底的2港元附近，账面亏损达到15%以上，而此时公司业绩并未衰退，估值不足8倍市盈率。

此后股价继续下挫到2016年2月底的1.18港元。港股果然疯狂，这可是盈利稳定的公用事业股，却只有0.4倍多的市净率与4倍市盈率。

目前华电福新的股价约1.9港元，笔者账面亏损率超过25%，计划继

---

① 在国内房地产价格近两年狂飙突进的背景下，佳兆业停牌两年后复牌竟然大涨，实在令人哭笑不得。

续持有。因公司的业绩大概率仍然是增长的，而继续持有**最大的理由就是估值过低**。

经验教训

在全国面临电力宽松的背景下，公司仍然持续大幅进行资本支出。除了未完工项目需要继续投入，更多的是公司持续扩张电力，尤其是风电项目。投资远大于经营的现金流入，直接后果就是债务大幅度上升。当然，在目前较低利率的情况下是有利的，但如果投出去的钱不能很好地创造收益，后果会很悲惨。另一不利因素是电价下降，火电下降已经调整过，而新能源根据规定也将再次下调。所以，市场持续给予很低的估值。

而作为一个多元化的清洁能源供应商，国家对新能源上网电价的调整，对华电福新的业绩具有显著影响。而公司本身，似乎完全不在乎股价的高低，没有维护市值的意愿。即使低估，也没有采取相关措施提振股价。

总之，港股的估值大起大落，不到一年的时间，股价可以跌 8 成，但企业本身的盈利还是增长的。对公用事业股的估值，可以低到不足 5 倍市盈率，而且还是央企！如果投资过分集中，没有强大的心理支撑，估计早就崩溃了。

第二节　获利案例

获利的案例多数投资者都有，要找出几个引以为傲的例子也不难，难的是持续获得正收益，有一个成熟的选股方法。以下案例并不作为投资建议，只是为大家提供一个思考的角度。

案例 1　阜丰集团（HK. 00546）

选股背景

阜丰集团成立于 1995 年，是中国发酵行业的领先企业，主要致力于生物发酵产品的生产、经营和研发，是全球第一大味精和谷氨酸生产商、全球第一大黄原胶生产商，其综合实力在全国同行业中稳居第一。公司的生产基地主要有山东阜丰发酵有限公司、宝鸡阜丰生物科技有限公司、内蒙古阜丰生物科技有限公司、呼伦贝尔东北阜丰生物科技有限公司、新疆阜丰生物科技有限公司，都靠近原材料产地，地理优势明显。

但是，阜丰集团也是一家典型的周期型公司，主导产品，如味精行业，总体产能相对过剩，黄原胶受石油周期的影响，而主要原料玉米的价格经常波动。因此，即使公司本身在行业里处于领先位置，但选择介入时机也很重要。

2016 年 4 月，国家发展改革委经济贸易司副司长刘小南表示，2016 年东北三省和内蒙古自治区将玉米临时收储政策调整为“市场化收购”加“补贴”的新机制。这意味着已经实行了九年的玉米临时收储政策①将取消。国家收储退出，将有利于加工企业玉米收购回归市场化竞争（以前国家收储客观上抬高了原料成本）。对阜丰集团这种玉米需求大户而言，是比较大的利好——可以降低成本，增强竞争力。

另一方面，阜丰的股价也逐步回落，而市场尤其是味精的市场也趋于稳定，显然这时候是一个不错的介入时机。

投资过程

2016 年 4 月中旬，阜丰的股价下跌到 2.7 港元附近，大约 0.8 倍的市帐率，且实行了多年的玉米收储政策计划退出，而市场却对此视而不见，因此笔者开始首次买入。首次买入后股价仍然走低，6 月最低到 2.03 港元，一路小幅买入。

8 月，公司披露中报，业绩比市场预期要好，利好因素也开始显现，管理层的中报交流会也相对乐观，股价开始走强，笔者的账面很快从亏损转为盈利。

目前笔者仍然持有该股，由于在阶段性高点 3.8 港元附近部分减持，

---

① 临时收储政策始自 2007 年，初衷是鼓励主产区玉米种植，保证国家粮食安全。然而，2011 年之后，包括玉米在内的国际农产品价格大幅跳水，而中国玉米收储价格却逐年提升，这让国内库存不断堆积，玉米出现严重供给过剩，玉米整个产业链明显扭曲。

因此账面获利也比较可观。今后，结合公司的业务表现、行业竞争及需求情况、原材料的波动等，再做相应的投资决策。

经验分享

这是一个典型的投资周期型行业，业绩反转获利的案例。值得分享的经验主要有3方面。

（1）寻找在充分竞争性领域拥有较强竞争力的公司——财务相对健康，即使处于行业低迷期，也较大概率不会发生经营危机。

（2）分析影响公司业绩的主要因素，寻找触发点，并持续跟踪这些促发因素有没有变化，寻找切入点。

（3）分析公司估值，**周期型公司的业绩与股价并非同时反转，一般是股价提前于业绩见底，因此投资者要做好账面亏损的心理准备**。

此外，投资像阜丰这类产品多元化的公司，需要跟踪原材料价格波动，投资者要付出比较大的时间和精力。虽然可以同时学到很多新领域的东西，也算是投资的乐趣之一，但对没有更多时间研究公司的投资者而言，不建议去投资过于复杂的公司。

案例2　上海医药（HK. 02607）

选股背景

上海医药是一家综合性的医药公司，主要业务包含医药商业，即药品流通领域及医药研发与制造两大部分，同时有部分医疗器械业务。药品生产涵盖化学与生化药品、中药、生物医药及其他工业品（原料药、保健品），医药制造业务在工信部委托中国医药工业信息中心评选的“2015年度中国医药工业百强榜单”中荣列第六位、入选“2016年中国医药研发产品线最佳工业企业”；医药分销领域的营业额仅次于国药控股，居全国第二，基本形成了全国性的分销网络，公司实力强劲。

2015年9月，上海医药H股的价格为约16港元，这个价格差不多是一年前上市时的价格，如果相比5月最高点29.45港元，则在4个月的时间里下跌了超过4成，但是公司的业绩事实上是增长的。16港元的市场价，对应约1.2倍市净率，约14倍市盈率，不是低估是什么呢?

投资过程

虽然上海医药长期被市场批评国企体制僵硬，管理人员变动频繁，但杀到接近净资产的估值，显然市场是送钱来了。于是，2015年9月中旬，首次以约16港元开始买入，之后股价很快上扬，后少量追高。

但市场总是风云变幻，2015年11月开始，上海医药再次转跌，更惨的时候股价还不到净资产，而市盈率也仅仅只有12倍，笔者一路加仓，买到最高10%的仓位限制。

经验分享

这属于一个典型的被低估的白马股价值回归的案例。这样的投资机会有很多。一方面，情绪化的市场有时会给予优质的公司一个白菜的价格；另一方面，某些优秀的公司，也可能在经营的过程中，由于决策失误等因素，造成阶段性的业绩下降或其他方面的损失，从而促发市场的抛售，引起股价的大幅下跌，如蒙牛、伊利股份、万科企业、云南白药、贵州茅台等，而且这样的机会以后也将一直存在。

上海医药这样的估值，应该属于低风险，除非出现黑天鹅，如爆出管理层丑闻、犯罪等事件。但即便如此，也只是阶段性的，对拥有如此丰富资源的公司来说，业绩与股价提升都是大概率的事情。

案例3　石四药集团（HK.02005）

选股背景

石四药集团，原名利君国际，2014年中宣布以8.73亿元出售西安利君制药全部股权予公司前管理层也是股东的吴秦所控制的君联；出售西安利君后，公司的生产基地主要位于石家庄，主业基本以大输液为主，故改名为石四药集团。

公司的主要业务是大输液产品，在国家逐步严格控制输液的形势下，公司的业务除大输液外，逐步以仿制药为基础，围绕精神、神经系统疾病、呼吸系统疾病、感染性疾病、腹膜透析及辅助治疗、冲洗液和营养类产品系列扩展，输液与医药产品双轮驱动的发展策略。公司在大输液领域竞争力强，盈利能力突出，是一家基本面比较不错的公司。

事实上，除了公司的基本面外，关注石四药主要还是由于公司频繁的股权变动所引起的潜在投资机会。

2012 年，早在公司名称还是利君国际时，在 A 股上市的同样主营输液业务的科伦药业，收购了公司两名原股东总数 12. 287% 的股权；此后科伦药业拟继续以每股不超过 2. 9167 港元的价格继续收购股份，至已公开发行股份的 30%，达到控股地位。但此次收购未获得香港 SEC 的批准，理由可能是担心科伦药业与利君国际有同业竞争，未来会掏空公司。

2014 年 6 月，原主要股东君联实业，按每股 2. 75 港元，分别通过配售代理配售 5. 15 亿股、向公司董事及主要股东曲继广出售 1. 1 亿股，以及向独立买方出售 1. 45 亿股，套现约 21. 17 亿元，占已发行股本总额约 26. 28%，此次君联完全出清了所持股份，两者完全切割了关系。

2015 年 7 月，石四药公司公告，欲以每股 3. 30 港元之现金购回最多 150000000 股股份之有条件现金要约，而此时公司二级市场的股价不但低于上述股权变动的股价，同时这个高达 1. 5 亿股的要约回购量也很大，如果公司有意在二级市场买入的话，完全可以托起股价，而采取定向回购，显然公司是想一步到位回购足额的量。

既有股权变动的股价认知，又有回购套利的股价支撑，机会来了。

投资过程

在 2015 年 7 月，公司公告，开展 1. 5 亿股的要约回购，价格 3. 3 港元；此时股价反而下跌，极为异常。笔者坚定判断，在 2. 34 港元开始买入，最低买到 2. 09 港元，然后接受要约。

而定向回购后股价仍然是下跌的，真是不可思议！于是继续把回购卖给公司的股份从二级市场买回，完成了一次不错的股份数量套利；不久之后，公司再次在二级市场大规模持续回购，而股价也开始一路攀升。

经验分享

这一投资属于典型的以套利为出发点的获利案例。石四药的投资是一个深入分析的结果，除了企业基本面的支撑外，很重要的一点就是股权结构的变化，引发笔者对公司价值的深入思考。

（1）外部投资者以高于市场价吃入大笔股份，且计划进一步并购，而公司现任高管兼主要股东也以比市价高的价格大额受让股份，公司值多少钱，应该是比较明显了。

（2）石四药本身并无任何财技历史，基本面表现也比较突出。

（3）市场价格又低于外部及内部股东的入手价格，同时又有潜在的再次并购可能，对股价有支撑。

（4）公司高价定向回购股份，此后持续大额回购股份。

因此，基本可以下结论，以低于外部及内部主要股东入手股份的价格买入石四药，投资获利的概率相当大。

案例4　兴达国际（HK. 01899）

选股背景

公司主要业务为制造及分销子午轮胎的主要骨架原料，包括用以强化子午轮胎胎壁的钢帘线及将轮胎固定在轮圈上的胎圈钢丝，是中国最大的子午轮胎钢帘线生产商之一，也是“子午线轮胎用钢帘线”国家标准制定单位。客户包括国内十大子午轮胎生产商及全球著名轮胎生产商。

尽管公司所处的行业竞争激烈，产能过剩，但2014年依然维持22.8%的毛利率水平，净利润率约8%，资产负债率维持在8.1%的低水平，经营现金流8.95亿港元，接近净利润的2倍，财报账面每股净资产4.18港元。2015年4月，A股高峰期出售了定向增发的3000万股贵州轮胎股份，增加净利7700多万元人民币，进一步夯实了公司的财务基础。

公司持续回购股份，2014年于港交所以每股平均约2.68港元购回共1471万股份，相当于已发行股本之0.965%。2015年以来回购也未终止。

过去 9 年公司持续派息。审计机构是德勤，比较可靠。

公司主要不利的方面在于行业的需求未有效改善，竞争激烈，公司实行低价挤压策略，期待小型厂商退出竞争，因而盈利水平仍然面临考验。但兴达的股价对此已经充分体现，一旦业绩反转，外围向好，股价反转的概率极大。笔者把兴达的投资类型归结为资产低估与困境反转型。

投资过程

在经过充分的分析后，2015 年 4 月首次以 2.36 港元买入，随着股价的下跌及公司的不断回购，持续买到最高 10% 的仓位限制。2016 年 2 月，股价跌到 1.2 港元，对应 0.3 倍市净率，基本接近账面持有的现金价值，笔者的账面最高亏损超过 20% 。

虽然账面亏损，但对兴达的资产及业绩还是比较放心的，随着公司持续的回购以及行业回暖，市场的看法终于逐步反转，而股价也一路上扬，8 个月内股价上升 2 倍，账面获利丰厚。

经验教训

这是一个典型的反转投资案例——过早介入然后被深套，持续坚守，最后获得良好的收益。十年河东，十年河西。一笔投资在没有完全结束之前不能简单地做出失败或成功的结论。**当发生亏损尤其是较大的账面亏损时，投资者是快刀斩乱麻终止投资、承认亏损，还是继续相信自身的判断、坚定持有，是体现投资者水平的重要标志**。

这一投资，公司的筛选过程应该没有问题，股价的下跌也有大势的因素在内，但笔者仍然对以下几点没有充分的认识。

（1）行业过剩格局下公司采取的低价挤压策略影响了盈利，而目前仍未看到竞争改善，因此过早买入需要付出较大的时间成本。

（2）在整个港股低迷及持续走弱的情况下，加仓显得不甚明智。

（3）短期内买入较多，达到仓位管理限制，从而在一定程度上错失了在更低位加仓的可能。

总而言之，投资既带有客观分析，同时又极大地附加了个人主观思想在里面。不同的投资者面对同一投资标的，受自身经历、学识、性格及外围因素的影响，而往往做出不同的决策。因此，投资者要想获得成功，除了加强自身的财务分析能力、专业领域研究、扩大知识面等之外，**更应该加强对自身心理素质的训练，更好地控制情绪的变化，**尽量做出更加客观、更加贴合市场方向的决策。

案例5　中集安瑞科（HK. 03899）

选股背景

中集安瑞科属于制造业，主要业务包含能源、化工及液态食品装备三个领域。自2007年加入中集集团以来，内外并举，快速发展，收购了不少欧洲知名的中小型公司，如德国和荷兰品牌Ziemann和Holvrieka等食品工程企业。公司已经是业内具有领先地位的集成业务服务商与关键设备制造商。2014年，《财富》中文网全球首发中国500强排行榜第439名，《能源》杂志评选的“具成长性能源企业TOP 50”第4位。

投资过程

由于笔者从事与能源相关的工作，接触的一些项目经常看到中集安瑞科这家公司，于是从2013年底开始关注。其股价从2011年底到2013年，涨幅有六七倍，属于那时的大牛股，从2014年初高点开始逐步回落。

分析后判断：公司财务健康，处于净现金状态；在业务的相关领域竞争力强，而中集及相关公司的公司管控一向良好，市场形象不错，因此在股价持续回落时值得投资。

投资主要分两个过程，一是2014年底，对比之前的估值，考虑公司基本面没有明显变化，油价仍然高企，而天然气也似乎仍处于大力发展阶段，因此以8港元16倍PE的价格开始买入，持续买到阶段底部约6港元附近，约5%的仓位。2015年5月，披露2014年年报，在9~10港元区间逐步减持，获利约30%。减持清仓的理由是：业绩虽然有所增长，但幅度太小，行业似乎有下行趋势，而相对香港整体制造业的估值，公司已经算是贵的了。

第二次买入，是在股价从上次阶段卖出高点10港元附近再次回落到前期建仓的低点时，在6港元附近试探性买入，此后当股价不断下跌到5港元、4港元时，持续买入，中间也偶尔卖出，在4港元下方买入量最大，也就是披露南通太平洋失败引起坏账的“黑天鹅”时。但是受单一股票持仓占比不超15%的上限限制，总体成本在3.8港元附近，后来持续下跌到3港元出头，未能买入更多。

截至本书完稿时，中集安瑞科的股价在5港元上方，获利约30%，已经开始部分退出转向母公司中集集团。

经验教训

虽然第二阶段的投资仍然获利，但过程曲折，其经验教训值得深思——**被公司过去几年的高成长迷惑，并没有意识到安瑞科是一个具有一定周期性的公司**。油价、天然气价格下跌，市场需求回落，业绩下滑，同时碰上并购的“黑天鹅”，公司账面大幅计提损失，股价因此也一落千丈，过早介入的后果就是需要承担时间成本与账面亏损。

因此，对投资者而言，**不可轻易地去重仓一家公司，并且在股价下跌的过程中也不可轻易加仓，**除非可以判断出公司已经处于几乎没有空头的状态，跌无可跌，而公司本身也度过了最困难的时期，此时才是最好的进场机会，剩下的就交给时间了。

以上所举的案例，是笔者投资港股中发生实质亏损或盈利的几个典型例子。从投资收益来看，成功的投资远多于失败，如招商银行、民生银行、上海医药、白云山、匹克体育、特步国际、舜宇光学科技及粤运交通等，都获得了比较丰厚的回报，其中部分公司仍然在持有当中。列举失败的案例，**主要是想与大家分享选股的过程，以及买入亏损后如何区别对待**。

附录1　联交所主板与创业板的区别

香港证券市场有主板和创业板之分。创业板成立于1999年11月25日，是主板市场以外的一个完全独立的新的股票市场，与主板市场具有同等地位，不是一个低于主板或与之配套的市场，在上市条件、交易方式、监管方法和内容上都与主板市场有很大差别。香港创业板定位是：为有增长潜力的新企业提供融资渠道，新兴科技企业是香港创业板的重要组成部分。与主板市场相比，经历过互联网泡沫破裂洗礼的创业板显得非常萧条，甚至不少公司都开始考虑转主板。

香港证券市场主板上市的公司，其代码范围是从0001～3999（2008年以后采用五位数的代码，但为了减少交易所参与者及其他市场人士在系统及营运上的变动，目前只是在四位数前加个0）。主板市场上的牛熊证以“6”开头。至于主板上的其他品种，其代码的范围比较复杂，基本上覆盖了0001～9999中除了股份之外的其他代码。

创业板股票的代码范围在目前的代码系统中以“8”开头，认股权证则是以“83”开头。在网上还可以通过相关符号来了解其属性，如“#”表示已纳入中央结算及交收系统、“H”表示可进行卖空的指定证券名单、“O”表示已纳入股票期权、“F”表示已纳入股票期货。

表1　香港主板、创业板上市条件比较

	主　板	创业板
市场目的	目的众多，包括为较大型、基础较佳以及具有盈利记录的公司筹集资金	为在香港及内地营运的大量有增长潜质的企业，提供方便而有效的渠道来筹集资金、扩展业务。行业及规模不限
盈利要求	采取“盈利测试”标准：上市前三年合计盈利5000万港元（最近一年须达2000万港元，在之前两年合计3000万港元）	不设盈利要求

续表

	主　板	创业板
营业记录	具备不少于三个会计年度的营业记录	须显示公司有紧接递交上市申请前24个月的“活跃业务记录”，如营业额、总资产。上市时市值超过5亿港元，发行人可以申请将“活跃业务记录”减至12个月
有关营业记录规定的弹性处理	联交所只对若干指定类别的公司（如基建公司或天然资源公司）放宽三年业务记录的要求，或在特殊情况下，具有最少两年业务记录的公司也可放宽处理	联交所只接受基建或天然资源公司或在特殊情况下公司的“活跃业务记录”少于两年
主营业务	并无有关具体规定，但实际上，主线业务的盈利必须符合最低盈利的要求	须主要经营一项业务而非两项或多项不相干的业务，不过，涉及主营业务的周边业务是容许的
附属公司经营的活跃业务	联交所要求发行人必须对其业务拥有控制权	申请人的活跃业务可由申请人本身或其一家或多家附属公司经营。若活跃业务由一家或多家附属公司经营，申请人必须控制有关附属公司的董事会，并持有有关附属公司不少于50%的权益
管理层、拥有权或控制权	至少前三个会计年度的管理层维持不变；至少经审计的最近一个会计年度的拥有权和控制权维持不变	除非在联交所接纳的特殊情况下，否则申请人必须于活跃记录期间在基本上相同的管理层及拥有权下运营
业务目标声明	并无有关规定，但申请人须列出一项有关未来计划及展望的概括说明	须载列申请人的整体业务目标，并解释公司如何计划于上市那一个财政年度的余下时间及其后两个财政年度内达至该目标
最低市值	新申请人预期在上市时市值不低于2亿港元；采用“市值/收益/现金流量测试”标准的，上市时市值至少为20亿港元；采用“市值/收益测试”标准的，上市时市值至少为40亿港元	股票无具体规定，但实际上在上市时不能少于4600万港元；期权、权证或类似权利，上市时市值须达600万港元
最低公众持股量	25%（如发行人市值超过40亿港元，则最低可降低为10%，如发行人预期市值超100亿港元的，可酌情降至15%～25%之间）	若公司在上市时的市值不超过40亿港元，则最低公众持股量须为25%，涉及金额至少须达3000万港元；若公司在上市时的市值超过40亿港元，则最低公众持股量须为20%或使公司在上市时由公众人士持有的股份的市值至少达10亿港元的较高百分比。上述的最低公众持股量规定在任何时候均须符合。期权、权证或类似权利（权证）已发行权证数量的25%

续表

	主　板	创业板
管理层股东及高持股量股东的最低持股量	无相关规定	在上市时管理层股东及高持股量股东必须合共持有不少于公司已发行股本的35%
股　东 人　数	于上市时最少须有100名股东，而每100万港元的发行额须由不少于三名股东持有	于上市时公众股东至少有100名。如公司只能符合12个月“活跃业务记录”的要求，于上市时公众股东至少有300名
主要股东的售股限制	上市后6个月内不得售股，其后6个月内仍要维持控股权	管理层股东必须接受为期12个月的售股限制期，在这一期间，各持股人的股份将由托管代理商代为托管。高持股量股东则有半年的售股限制期
竞　争 业　务	公司的控股股东（持有公司股份35%或以上者）不能拥有可能与上市公司构成竞争的业务	只要于上市时并持续地做出全面披露，董事、控股股东、主要股东及管理层股东均可进行与申请人有竞争的业务（主要股东则不需要做持续全面披露）
信　息 披　露	一年两度的财务报告	按季披露，中期报和年报中必须列示实际经营业绩与经营目标的比较
包　销 安　排	公开发售以供认购必须全面包销	无硬性包销规定，但如发行人要筹集新资金，新股只可以在招股章程所列的最低认购额达到时方可上市

资料来源：百度文库

表2　按市值和企业数量划分

交易板块	市值	市值占比	企业数量	企业量占比
主板	23万亿港元	98.8%	1666家	87.6%
创业板	2663亿港元	1.2%	236家	12.4%

资料来源：香港交易所网站统计数据

认识香港主板市场与创业板的区别，主要意义在于投资港股时要区别对待两类市场的股票，**了解创业板股票的风险远大于主板**。尤其要注意的是，**创业板公司是在无须具备盈利往绩及无须预测未来盈利的情况下上市的**。因此，创业板股票的波动大，流通性低，变现难，较适合专业投资者及熟悉投资技巧的投资者参与。

附录2 对《港股通交易风险揭示书必备条款》的解读（深交所）

2016年9月30日，深交所正式发布与深港通相关的八大业务规则，包括《深港通业务实施办法》《港股通投资者适当性管理指引》《港股通交易风险揭示书必备条款》《港股通委托协议必备条款》《关于深港通业务中上市公司信息披露及相关事项的通知》《香港结算参与网络投票实施指引》，以及修订后的《股东大会网络投票实施细则》和《交易规则》。

在上述诸多政策与细则中，投资者最需要关注的是《港股通交易风险揭示书必备条款》。由于港股对很多内地投资者来说是一个全新的市场，在投资者结构、信息发布、机构监管、交易制度等诸多方面都与A股市场迥异，因此出现的风险也与A股有所不同。投资者在用深港通交易港股时，应首先了解港股的风险，避免损失。由于其中部分条款较为笼统，不熟悉港股市场的投资者理解起来有一定困难，下面笔者为大家逐一详细解读。部分内容本书正文已有详细介绍，可对照阅读。

一、提示投资者注意，香港证券市场与内地证券市场存在诸多差异，投资者参与港股通交易需遵守内地与香港相关法律、行政法规、部门规章、规范性文件和业务规则，对香港证券市场有所了解；通过港股通参与香港证券市场交易与通过其他方式参与香港证券市场交易，也存在一定的差异。

解读：该条款主要揭示各种差异，而要了解这种差异，投资者可以通过几个渠道学习，一是上交所的沪港通业务投资者教育专区；二是深交所的深港通专门频道，里面的港股通投资者指南pdf文件有详细讲解；三是香港交易所官方网站。

二、提示投资者注意，投资者可以通过港股通买卖的股票存在一定的范围限制，且港股通股票名单会动态调整。投资者应当关注最新的港股通股票名单。对于被调出的港股通股票，自调整之日起，投资者将不得再行买入。

解读：主要是指港股通的成份股，目前深港通港股可交易的成份股主要包含四类：（1）恒生综合大型股指数成份股；（2）恒生综合中型股指数成份股；（3）恒生综合小型股指数成份股，且纳入指数前12个月市值不低于港币50亿元；（4）A+H两地上市公司（深交所和港交所两地上市）。相关指数的成份股构成，投资者可以通过查询香港恒生指数网站来获取。

另外，需要特别指出的是，个股一旦被调出相关指数成份股，则用深港通账户交易的投资者如持有该股，则只能卖出，无法买入。

三、提示投资者注意，港股通股票可能出现因公司基本面变化、第三方研究分析报告的观点、异常交易情形、做空机制等原因而引起股价较大波动的情形，尤其是考虑到香港联合交易所有限公司（以下简称“联交所”）市场交易不设置涨跌幅限制，投资者应关注可能产生的风险。

解读：主要关注个股股价波动的风险。香港是没有涨跌停限制的，某些股票有时涨跌幅都非常惊人，如港股通成份股汉能薄膜太阳能（HK.00566），由于被质疑账目有问题，2015年5月20日下跌接近5成，并被停牌。所以投资者不可过分集中持股，或者说可集中持股于国企或其他口碑良好、上市时间较长的、值得信任的公司。

四、提示投资者注意，部分港股通上市公司基本面变化大，股票价格低，可能存在大比例折价供股或配股、频繁分拆合并股份的行为，投资者持有的股份数量、股票面值可能发生大幅变化，投资者应当关注可能产生的风险。

解读：重点涉及港股所谓的“老千股”风险，通过财技（并非账面造假）如时不时供股、超低价配股来欺骗投资者，且在市场上已经形成了派系。投资者避免“老千”的最好方式，是在计划买入前查看公司的历史情况，可以通过相关港股软件或者其他港股财经网站的个股资料查询，如经济通，来确认公司是否有不良历史行为。

五、提示投资者注意，与内地证券市场相比，香港市场股票停牌制度存在一定差异，港股通股票可能出现长时间停牌现象，投资者应当关注可能产生的风险。

解读：主要关注港股的停牌问题。港股停牌不同于A股，目前按监管规则，由于财务困难而长期停牌的香港上市公司可以进入分三个阶段的退市程序。但如果因为其他原因停牌，如监管机构调查或者会计问题，则并无具体的退市程序规定。碰上这种情况，如果公司未能采取适当措施让长期停牌的股票恢复交易，**港交所有权对其摘牌**。按照现有规定，香港市场上市公司股票允许停牌的时间比其他市场长得多，**有时可长达数年**。2015年5月20日被停牌的汉能薄膜太阳能，至今仍未复牌。最夸张的是自2009年以来一直停牌。长时间的停牌对投资者的影响甚大，且无合适的退出制度，所以需要关注这方面的风险。

六、提示投资者注意，与内地证券市场相比，联交所市场股票交易没有退市风险警示、退市整理等安排，相关股票可能存在直接退市的风险。港股通股票一旦从联交所市场退市，投资者将面临无法继续通过港股通买卖相关股票的风险。

解读：主要关注港股上市公司的退市问题。在A股市场，上市公司一旦成功上市，是打死也不愿意退市的，一个濒临破产公司的壳都能卖到几十亿元。香港联交所本身也是一家盈利机构，通过收取上市公司的上市费用获得利润，公司上市采用注册制，每年向交易所缴纳年费。上市公司和交易所更像是客户和企业的关系，所以港交所并不在乎上市公司退市。另外，港股壳资源一般也就值几亿港元。如果被怀疑有问题，且无法提供合理的值得被接纳的解释文件，联交所有权直接对其除牌。也就是说，港交所退市是比较常见的。

七、提示投资者注意，港股通股票退市后，中国证券登记结算有限责任公司（以下简称“中国结算”）通过香港结算继续为投资者提供的退市股票名义持有人服务可能会受限，投资者应当关注可能产生的风险。

解读：主要关注的是股票退市后持有者的风险。联交所上市公司股东名册中不显示港股通投资者，目前投资者通过A股账户买入的港股股票，名义上都是由**中国结算作为港股通投资者的名义持有人**，将投资者取得的证券以中国结算名义存管在香港结算，通过香港结算行使对香港上市公司的权利。因此，一旦发生股票退市的情况，由于投资者**不能提取纸面股票，**此后的交易将非常麻烦。但目前还没有相关的实例及细则出台。

八、提示投资者注意，港股通业务实施每日额度限制。在联交所开市前时段，当日额度使用完毕的，新增的买单申报将面临失败的风险；在联交所持续交易时段或收市竞价交易时段，港股通当日额度使用完毕的，当日投资者将面临不能通过港股通进行买入交易的风险。

解读：主要关注交易额度。根据《联合公告》，深港通不设总额度限制，但为防范资金每日大进大出的跨境流动风险，深港通设置了每日额度的限制。深股通每日额度为130亿元人民币，港股通每日额度为105亿元人民币。投资者可登录深港通子网站（http：//www. szse. cn/main/szhk）查询额度使用情况。

九、提示投资者注意，只有深港两地均为交易日且能够满足结算安排的交易日才为港股通交易日，具体以深交所证券交易服务公司在其指定网站公布的日期为准。

解读：主要关注港股通的交易日。由于香港实行的是T+2的股票交割制度，另外港股全年的交易日跟A股也有较大区别，尤其是节假日A股停而港股还能交易，有可能存在A股暂停交易日期间，港股受外围市场影响有较大的波动风险。

十、提示投资者注意，每个港股通交易日的交易时间包括开市前时段、持续交易时段和收市竞价交易时段，具体按联交所的规定执行。圣诞前夕（12月24日）、元旦前夕（12月31日）或除夕日为港股通交易日的，港股通仅有半天交易，且当日为非交收日。

解读：主要关注的是港股通的交易时间，与内地A股市场稍有不同，具体见本书正文。

十一、提示投资者注意，香港出现台风、黑色暴雨或者联交所规定的其他情形时，联交所将可能停市，投资者将面临在停市期间无法进行港股通交易的风险；出现深交所证券交易服务公司认定的交易异常情况时，深交所证券交易服务公司将可能暂停提供部分或者全部港股通服务，投资者将面临在暂停服务期间无法进行港股通交易的风险。深交所证券交易服务公司及深交所对于发生交易异常情况及采取相应处置措施造成的损失，不承担责任。

解读：主要关注的是特殊天气等情况下港股的临时停市的影响。即使面临同样的恶劣气候，港交所与内地交易所也不一定会同时闭市，主要是因为监管规则的不同。

香港市场在处理恶劣天气对交易的影响上形成了一套既定的做法，即按照八号及以上台风和黑色暴雨警告（以下统称“警报”），发出时间为开市前时段之前、开市前时段期间、持续交易时段期间以及收市竞价交易时段期间等四个不同时段，分别做出不同的应对措施。具体安排如表3所示。

表3　警报发出时点

警报发出时点	警报解除时点	警报解除时点
早于开市前时段期间	7:00之前	交易正常进行
	7:00—9:00	开市前时段将被取消，警报解除两小时后的整点或30分钟开始交易（如果警报在7:15解除，那么早上交易时段将在9:30开始，如果警报在7:30解除，那么早上交易时段将于9:30开始）
	9:00—11:00	上午交易取消，13:00开始交易
	11:00后—11:30	上午交易取消，13:30开始交易
	11:30后—12:00	上午交易取消，14:00开始交易
	12:00以后	全天停止交易
开市前时段期间		如果是台风警报，则开市前时段结束后停止交易，按照上述“早于开市前时段发出警报”中第3~6情形栏规定的解除警报情形恢复交易；如果是黑雨警报，若警告发出前已进行交易，交易将继续直至收市。若警告发出前没有进行任何交易，交易将于警告解除后恢复
持续交易时段期间		如果是台风警报，那么在发出警报15分钟后停止交易，按照上述“早于开市前时段发出警报”中第3~6情形栏规定的解除警报情形恢复交易；如果是黑雨警报，若警告发出前已进行交易，交易将继续直至收市。若警告发出前没有进行任何交易，交易将于警告解除后恢复

续表

警报发出时点	警报解除时点	警报解除时点
收市竞价交易时段期间		正常交易至收市为止

十二、提示投资者注意，投资者在交易时间内提交订单依据的港币买入参考汇率和卖出参考汇率，并不等于最终结算汇率。港股通交易日日终，中国结算深圳分公司进行净额换汇，将换汇成本按成交金额分摊至每笔交易，确定交易实际适用的结算汇率。

解读：主要关注交易汇率问题。关于汇率，本书正文有详细介绍。

由于股票的交易存在交易日、交割日这样的时间差，同时存在参考汇率、结算汇兑比率、汇率变动区间等，所以投资者需要明白以下三点。

（1）盘中交易时的参考汇率是按上交所提示的汇率。

（2）日终结算时各券商会有一个保证金比例，所以与盘中交易时汇率略有不同。

（3）真正的结算汇率是 T+2 日时的汇率，也就是上交所 T+1 日时显示的汇率；T+2 日，结算公司根据前述确定的换汇汇率，与港股通结算银行完成就 T 日换汇交易的资金交割。

十三、提示投资者注意，投资者参与联交所自动对盘系统交易，在联交所开市前时段和收市竞价交易时段应当采用竞价限价盘委托，在联交所持续交易时段应当采用增强限价盘委托。

解读：主要关注的是投资者特殊交易时段申报的方式，如果申报无效，**可能成为废单**。具体规则见本书正文第三章第一节。

十四、提示投资者注意，投资者持有的碎股只能通过联交所半自动对盘碎股交易系统卖出。

解读：主要关注碎股交易问题。少于一手，或者少于一个完整买卖单位的证券数量，香港市场称之为“碎股”（内地称“零股”）。碎股的产生及买卖具体见本书正文。

十五、提示投资者注意，港股通股票实施股份分拆合并期间，港股通投资者持有的该股票只在临时代码单柜交易末日、临时代码与新代码并行交易末日由临时代码转换为新代码。由于临时代码与原代码交易单位不同而可能产生碎股，投资者应关注可能产生的风险。

解读：主要关注所持有股票由于发生股份合并或分拆而可能产生碎股。股份分拆或合并期间，会同时出现临时代码交易与原代码交易，而两者的交易单位可能不同，如原代码每手一千股，而临时代码可能每手五百股。因此，如投资者在此期间发生交易，在股份分拆或合并完成后，可能会产生碎股。

十六、提示投资者注意，投资者当日买入的港股通股票，经确认成交后，在交收前即可卖出，投资者应当关注因此可能产生的风险。

解读：主要关注股票的T+0回转交易问题。与内地实行T+1交易制度（今日买入的股票只能次日卖出）不同，香港股市实行T+0回转交易制度，当天买入的股份当天可以卖出。

虽然交易效率较高，但由于港股的交易费用一般比A股要高，投资者应注意频繁交易产生的费用成本。

十七、提示投资者注意，与内地证券市场相比，联交所在订单申报的最小交易价差、每手股数、申报最大限制等方面存在一定的差异，投资者应当关注因此可能产生的风险。

解读：主要关注港股的交易机制问题。两地市场对股票的每手交易单位价差规定差异巨大。具体见本书第三章第一节。

十八、提示投资者注意，港股通交易中若联交所与深交所证券交易服务公司之间的报盘系统或者通信链路出现故障，可能导致15分钟以上不能申报和撤销申报，投资者应当关注因此可能产生的风险。

解读：主要关注潜在的交易中断的风险。设备不是万能的，网络更不是万能的。总会有潜在的这样那样的风险发生，有些是不可抗力。这种中断交易的风险是所有参与的投资者共同面临的，所以无须过于担忧。

十九、提示投资者注意，港股通股票交易不设置涨跌幅限制，但根据联交所业务规则，适用市场波动调节机制的港股通股票的买卖申报可能受到价格限制，投资者应当关注因此可能产生的风险。

解读：主要关注交易股票的涨跌幅限制及申报价格问题。A股股票交易价格当日被限定在正负10%的区间，而港股则不同，并没有涨跌幅限制，也就是说，有利好或者利空消息，港股的效率往往更高，一步到位。所以投资者对买入的股票，更应注重基本面分析，选取优质低价股持有。

另外关于申报价格的问题，投资者参与港股通交易，其申报价格应遵守香港当地的报价规则。每个交易日首个输入交易系统的买盘或卖盘，受一套开市报价规则监管；非开市买卖盘的报价，则受另一套报价规则和价位表监管，其中包括买盘或卖盘的价格不得大于按盘价九倍或以上及少于九分之一或以下。

二十、提示投资者注意，对于适用收市竞价交易的港股通股票，根据联交所业务规则，收市竞价交易时段的买卖申报将受到价格限制，投资者应当关注因此可能产生的风险。

解读：主要关注收市竞价交易问题。收市竞价交易时段首阶段已于2016年7月25日推出。由此日起，每全日交易日下午4:00—4:10为收市竞价交易时段。现阶段仅涵盖恒生综合大型股指数及恒生综合中型股指数的所有成份股、有相应A股在中国内地交易所上市的H股及所有交易所买卖基金（后者港股通暂不适用）。下阶段的收市竞价交易时段详情投资者可参阅：http://www.hkex.com.hk/cas/sc/index.htm。

港股通投资者可在参考价定价时段之后，采用“竞价限价盘”的申报方式参与收市竞价交易。于新机制下，港股交易时段的最后一分钟将抽取5个按盘价，并以中位数作为参考价，然后于收市竞价时段第1分钟公布，随后5分钟，输入落盘价，局限于参考价上下5%之内，其后3分钟落盘价范围将进一步缩小，并且只可输入，不可更改或取消，最后会按成功配对最多成交的买卖盘来定立收市价。

二十一、提示投资者注意，投资者通过港股通业务获得的香港证券市场免费一档行情，与付费方式获得的行情相比，在刷新频率、档位显示等方面存在差异，投资者应当关注依此进行投资决策的风险。

解读：主要关注股票行情报价问题。与内地 A 股交易所免费提供买入卖出各 5 档行情的报价机制不同，香港证券市场仅提供免费一档行情，因而存在无法了解其他交易盘价格的风险。

虽然多数港股的券商对提供行情是收费的，但现在不少网络券商为吸引客户，已经开始免费提供买卖十档行情，如富途证券等。

二十二、提示投资者注意，在香港证券市场，股票价格上涨时，股票报价屏幕上显示的颜色为绿色，下跌时则为红色，与内地证券市场存在差异。但是，不同的行情软件商提供的行情走势颜色可以重新设定，投资者在使用行情软件的时候，应当仔细检查软件的参数设置，避免惯性思维带来的风险。

解读：主要关注股票软件行情显示习惯问题。多数软件都提供显示设置转换功能，一般在软件的“系统设置”功能里面调整。

二十三、提示投资者注意，投资者因港股通股票权益分派、转换、上市公司被收购等情形或者异常情况，所取得的港股通股票以外的联交所上市证券，只能通过港股通卖出，但不得买入，深交所另有规定的除外；因港股通股票权益分派或者转换等情形取得的联交所上市股票的认购权利在联交所上市的，可以通过港股通卖出，但不得买入，也不得行权；因港股通股票权益分派、转换或者上市公司被收购等所取得的非联交所上市证券，可以享有相关权益，但不得通过港股通买入或卖出。

解读：主要关注港股通成份股的衍生证券行为。港股的股票衍生产品非常丰富，其中有一个股份分拆并上市的行为。通常表现为母公司以介绍形式向符合资格的股东实物分派相关子公司全部已发行股份，分拆完成后子公司将终止作为母公司附属公司，形成一个完全独立的上市实体，拥有相关股票代码，可以上市交易。投资者因持有母公司相关股份而按比例无偿拥有了分拆后的新公司的股份。

这样的例子也不少，例如 2014 年 7 月，利丰（HK. 00494）拟分拆利标品牌（HK. 00787）及于联交所主板独立上市，公司宣布以实物分派方式有条件分派合共约 83. 6 亿股利标品牌股份。又如 2016 年 4 月，拥有中国香港及中国内地 Sogo 崇光/久光百货的利福国际集团有限公司（HK. 01212）将分拆中国内地业务予利福中国，并向香港联交所递交利福中国在主板上市的申请。

由于分拆出来的公司可能不是港股通的成份股，因此按相关规定，投资者只能卖出或持有，而无法买入。

二十四、提示投资者注意，香港证券市场与内地证券市场在证券资金的交收期安排上存在差异，港股通交易的交收期为 T+2 日。若投资者卖出证券，在交收完成前仍享有该证券的权益。若投资者买入证券，在交收完成后才享有该证券的权益。同时，港股通交易的交收可能因香港出现台风或黑色暴雨等发生延迟交收。

解读：主要关注股票的交收制度。香港股票市场实行 T+2 交收制度。简单说就是投资者今日买入股票，虽然名义上拥有股票所有权，可以在交易时间段内随时交易，但**股票真正过户到自身名下则要2 个交易日**。因此，T 日（指港股通交易日）买入港股的投资者，T+2 **日日终**才可享有相关证券的权益；T 日卖出港股的投资者，T 日和 T+1 日日终仍可享有相关证券的权益。在这两个交易日期间，该股票所享有的权利如股息分红，归当日卖出的股票投资者所有，而非已经买入拥有股票交易权的投资者。

二十五、提示投资者注意，投资者通过港股通业务暂不能参与新股发行认购、超额供股和超额公开配售。

解读：主要关注新股认购与供股、配售等风险。由于深港通只能交易相关指数的成份股，所以港股市场发售的新股，投资者通过深港通账户是无法申购的。要认购新股，只能直接开通港股账户，人民币换入港币，然后汇到港股账户进行新股申购。

港股的供股与配售是一种常见的集资行为，而有些投资者由于资金原因，或者没留意相关供股与配售信息，因而造成并非百分百比例的持股人供股或认购，会多出一部分供其余有意愿的投资者在自身分配比例之外再超额供股或配售。而**港股通投资者只能最多按持股比例进行供股或配售股份**，无法超额申报供股或配售的比例。

二十六、提示投资者注意，对于在联交所上市公司派发的现金红利，由于中国结算需要在收到香港中央结算有限公司（以下简称“香港结算”）派发的外币红利资金后进行换汇、清算、发放等业务处理，投资者通过港股通业务获得的现金红利将会较香港市场有所延后。

解读：主要关注股息分红到账时间问题。如果是港股通成份股，通常港股通投资者收到的股息要比通过港股账户直接持有该股票的投资者时间晚，一般时间差在一周左右。

虽然相关派发股息的公司是以港币派发红利，但港股通股票持有者收到的则是人民币红利，因为买卖也是以汇率转换结算的人民币交易，因此在派发红利的短时间差内，如果汇率大幅波动，会影响投资者的红利水平（可能高也可能低）。

二十七、提示投资者注意，对于在联交所上市公司派发的红股，中国结算在收到香港结算派发红股到账当日或次日进行业务处理，相应红股可于处理日下一港股通交易日上市交易。投资者红股可卖首日均较香港市场晚一个港股通交易日。

解读：主要关注股票派发红股的上市交易日期问题。这个主要是由于交易清算延迟造成的。如果红股上市当日，遭遇利空而下跌，港股通账户持有者将面临无法卖出红利股的风险，这个风险是无法避免的，虽然概率比较小。

二十八、提示投资者注意，由于中国结算是在汇总投资者意愿后再向香港结算提交投票意愿，中国结算对投资者设定的意愿征集期比香港结算的征集期稍早结束；投票没有权益登记日的，以投票截止日的持有作为计算基准；投票数量超出持有数量的，按照比例分配持有基数。

解读：主要关注股票权利问题。股票不仅是用来交易的，股票背后也包含了一系列的股东权利，主要是投票权。凡是按公司章程及联交所规定需要召开股东会审议的事项，投资者作为股东都有权投票决定。除投票权外主要是其他一些公司行为的申报，如私有化要约的股份申报、接受现金分红或以股代息形式分红的选择等。

港股通的投资者申报的时间截至日期一般要早于港股直接持有者，具体日期可参考交易软件下“公司行为申报”项下的公告信息。

二十九、提示投资者注意，对于在联交所上市公司派发的红股以及股份分拆及合并业务产生的零碎股，中国结算对投资者账户中小于 1 股的零碎股进行舍尾处理。当香港结算发放的红股总数或分拆、合并股票数额大于投资者账户舍尾取整后的总数的，中国结算按照精确算法分配差额部分。

解读：主要关注可能产生的极少零碎股分配问题。例如，某投资者 A 持有相关上市公司 1100 股，如果该公司年度派发红股，按每股派发 0.1577 股，则该投资者可获得红股 173 股，而另一投资者持有 1000 股，则可以获得 158 股红股。总体而言，这个对投资者的收益影响极小，可以忽略。

三十、提示投资者注意，由于香港市场的费用收取或汇率的大幅波动等原因，可能会引起投资者账户的透支，投资者应当对账户内的余额进行关注。

解读：主要关注投资者账户潜在透支问题。出现透支主要是由于下列潜在的事项发生：

（1）汇率出现极端情况下的大幅波动，影响到结算，尤其是买入的时候。（2）投资者缴纳香港市场相关交易、结算的费用（如交易系统使用费按照实际成交笔数而不是申报笔数收取；股份交收费按成交金额计收且对每笔成交有最低和最高收费标准；印花税在收取时有取整到元的规定；香港结算按日收取证券组合费等）。

因此，港股通投资者应关注其账户内的资金余额，做出必要的预留，预留的金额大概在市值的 0.5% ~1% 为宜。

三十一、提示投资者注意，香港结算因极端情况下无法交付证券对中国结算实施现金结算的，中国结算将参照香港结算的处理原则进行相应业务处理。

解读：主要关注香港方面的证券交易结算问题。这些极端情况，如由于地震或其他重大事故导致设备或网络出现故障，而无法完成交易的清收结算，内地的处理原则是参照香港结算的处理原则进行相应业务处理。主要的方式是“延迟交收”，即本来是T+2交割的证券可能延期。这种概率一般较小，对投资者造成的损失一般不明显。

三十二、提示投资者注意，港股通境内结算实施分级结算原则。投资者可能面临以下风险：（一）因结算参与人未完成与中国结算的集中交收，导致投资者应收资金或证券被暂不交付或处置；（二）结算参与人对投资者出现交收违约导致投资者未能取得应收证券或资金；（三）结算参与人向中国结算发送的有关投资者的证券划付指令有误，导致投资者权益受损；（四）其他因结算参与人未遵守相关业务规则导致投资者利益受到损害的情况。

解读：主要关注分级结算带来的潜在风险。分级结算是指证券登记结算机构与证券公司等结算参与人进行资金和证券的法人结算（又称一级结算），证券公司再与投资者进行二级结算。分级结算下的法律关系体现为“两段式法律结构”，即在证券交易的结算环节，证券登记结算机构与证券公司之间，证券公司与投资者之间存在直接的法律关系；**证券登记结算机构与投资者之间不存在法律关系**。

正因为如此，一旦投资者所在的券商出现问题，致使投资者遭受损失，只能与所在的券商商讨赔偿问题，而不能追究交易所或中国结算的责任。

三十三、提示投资者注意，香港市场收费标准与内地市场收费标准不同，香港地区与内地在税收安排方面也存在差异，投资者买卖港股通股票，应当按照香港市场有关规定交纳相关费用，并按照香港地区相关规定缴纳税款。

解读：主要关注交易征费与税收问题。具体差异见本书第三章。

三十四、提示投资者注意，对于因深交所、中国结算制定、修改业务规则，或者根据业务规则履行自律监管职责等造成的损失，深交所和中国结算不承担责任；投资者还应当充分知晓并认可联交所在其规则中规定的相关责任豁免条款，包括但不限于对因制定、修改业务规则、根据业务规则履行自律监管职责、发生或处置交易异常情况等导致的损失不承担责任的规定。

解读：主要关注监管的责任承担问题。说白了就是打预防针。由于某些原因，监管的规则需要调整，而由调整规则造成的投资损失，深交所与中国结算是不担负投资者赔偿责任的。

结语：虽然上交所在 2014 年已经发布过《港股通交易风险揭示书必备条款》，但是目前的深交所在风险提示方面较上交所更齐全，因此对风险的解读应以深交所版本为准，基本也覆盖上交所的风险提示内容。

附录3　雪球访谈——港股投资第一课

本文整理自2015年10月28日的雪球访谈，主要涉及恒生指数相关股票。部分内容有删减。

［问］yakuil：请问您对瑞银、花旗等国际机构对港股（特别是针对内地企业）的评级和研报怎么看，有无参考价值？谢谢。

［答］杨饭：就目前的状况而言，港股市场整体的话语权还在欧美大投行手中，主要原因在于投资机构的资金更多地来源于欧美，市场的交易力量主要是欧美资金。但是，随着中资背景的投行及投资机构的崛起，相信中资在港股资本市场的话语权会得到较大提升。

对于这些外资投行发布的报告，从我个人跟踪的公司对比来看，说实话质量不高，很多都是事后诸葛，前瞻性的分析很少。至于评级与目标价，我是基本不看的，看的话也仅是针对报告中对公司分析的逻辑而已，对照自己的分析，看看不同在哪里，有没有道理。

［问］yakuil：香港市场通常用什么做现金管理呢？能推荐些适用于散户的方式吗？谢谢。

［答］杨饭：由于港币存款利率极低，说实在的，我也没找到好的现金管理类的产品。所以资金我通常分两类，一类港股通，一类是不在港股通成分股里，需要开港股账户直接买的。如判断值得买入，则立即兑换港币。由于近年港股一直低位，所以我仓位都比较高，更多的是换股交易。当然，如果实在找不到合适的投资，会兑换汇回内地（一般这种情况只会发生在市场上涨、估值比较高的时候）。

［问］yakuil：请问窝轮适合做正股的对冲吗？可以的话，应当注意什么呢，如引申波幅、到期日？

[答] 杨饭：可以做对冲，但是我认为需要比较高的交易技巧。通常对于同一股票，不同的投行会发行不同的权证与牛熊证，杠杆、日期、定价都不一样，对冲前要预先制定对冲的策略，选取匹配的窝轮。

[问] 徐佳杰 Pierre：港股不同类型的牛熊证有什么区别？哪些有剩余价值，哪些没有呢？

[答] 杨饭：其实按我保守的投资策略，对于带杠杆的衍生品有天生的排斥，交易的较少，有的话也主要是对冲或收取权利金等，不作为主要的投资品种。牛熊证由投行发行，所以投资者的交易对手是投行，从这点看，我想就已经不适合大多数普通投资者了。牛熊证一般分为 R 类与 N 类。我在市场里见到的大多数都是 R 类，即牛熊证的收回价与行使价不同，当被强制收回时，仍有可能存余少量剩余价值，具体多少可上发行商的网站查看或咨询经纪人。

虽然香港的窝轮与牛熊证品种非常丰富，交易量也挺活跃，我还是建议谨慎参与，除非已经有这方面较为丰富的经验，或者用小笔资金先学习一下。

[问] 石之云：内地投资港股要加杠杆，可以通过什么正规途径？

[答] 杨饭：证券投资账户一般分为普通账户与保证金账户，保证金账户就是可以借钱用杠杆的，类似 A 股的信用账户。在香港市场，银行和证券公司一般向投资者提供融资服务，称为孖展，就是所谓的杠杆。杠杆有很多种类型，如新股认购，投资者可以借钱认购，一旦开盘涨幅不错的话收益会很好；或者投资窝轮、牛熊证及期货等衍生品，这些都是杠杆；正规途径就是通过银行与券商开立投资账户。

另外一种最简单的方式是买入带杠杆的分级基金的 B 份额，如跟踪恒生指数的恒生 B（SZ. 150170）、跟踪恒生国企指数的 H 股 B（SZ. 150176）。

［问］人性磨炼：请问港股红利税是多少，港股通和非港股通有何区别，谢谢。

［答］杨饭：港股红利不收税。但如果通过港股通买入的投资者一律20%的股息税。

港股通和非港股通的区别主要在于：港股通投资者不需要新开港股账户，只要原来有沪深账户且资产超过50万元即可申请开通，用的是人民币交易。非港股通需要投资者开一个独立的港股账户，人民币兑换成港币后投资，有关这方面的知识可参考我以前在雪球的文章。

［问］天涯FX：恒生指数特别是国企指数全球最为低估，现在值得投资吗？今年还能否再走出一波行情？为何港股迟迟不见启动？

［答］杨饭：我一直认为低估值的市场是价值投资者的天堂。目前我的港股仓位比较高，收益也满意。至于能不能在今年出现行情，实际上我不太关心。我的理解是，关键在于采用什么样的投资策略，选什么样的公司。恒指从低点到目前反弹也就15%，而很多个股涨幅都三四成了，怎么叫迟迟不见启动？如果实在不知道怎么选择，买盈富基金或者定投恒生国企等低估值板块的指数类基金也不错，我相信可以跑赢9成投资者。

［问］笨笨笨笨的蜗牛：港股的物业重估收益要从利润中剔除，才能反映真实业绩吧？

［答］杨饭：对的，港股大多数的业绩披露里都有净利润与核心净利润的区别，核心净利润就是扣除物业重估、其他一次性收入等，来自持续经营的主营业务的净利润，用这个核心净利润来估值比较靠谱。

［问］人天小果：港股有场内货基吗？

［答］杨饭：货币基金资产主要投资于短期货币工具，港币的存款利率仅有0.1%，这么低的利率环境不利于货基的生存。香港也有货币基金，但据统计，过去一年全部港币和美元货币基金平均收益率仅有0.6%。我

个人不太关心这个投资品种，因为收益实在太低了，不如直接买具有稳定、持续及高分红率的公司。

［问］国都快易：作为港股过来人，你在当初入门选股的时候，都踩过什么坑吗？

［答］杨饭：我陷入的坑主要来自于价值陷阱，又分为三类，一是低估值陷阱，就是看账面估值非常低而买入。很多刚从 A 股转战过来的投资者，如果简单套用 PB、PE 指标来选股，就会觉得简直太便宜了，而实际上不是这样的，便宜里面可能藏有不少陷阱，如“老千公司”等。二是高增长价值陷阱。公司给你描绘了很好的蓝图，似乎非常有价值，但就是一直实现不了，如以前投资过的阳光油砂公司，描绘的油田矿藏很理想，但就是长期不投产，一直无法形成良好的经营现金流，最后在油价下跌过程中崩溃了。三是所谓的好股的价值陷阱。公司财报各项指标好得不得了，让大家误以为公司竞争力非常强大，很有投资价值而买入。事实是，很多东西如果看起来太好，那往往不是真的，买入要慎重。

［问］hotsina：虽然港股的市盈率较内地低很多，但我不看好港股整体未来的发展，重要原因之一就是美联储加息。但是，我认为将港股中的 H 股价格作为内地市场的参照物是可以的，不知您怎么看？

［答］杨饭：香港是一个自由市场，资金流动非常快，美联储加息确实有可能在短期内引起资金回流，造成市场波动。但实质上货币政策并不会影响公司的内在价值，更长远看，H 股市场的大多数公司来自内地，投资价值主要跟其业绩表现高度相关，尤其对于采取高分红策略的投资者而言，这种货币政策的因素更是可以忽略。我本人投资时基本不会考虑美联储会不会加息，何时加这种宏观因素；更多的是基于市场整体估值、有没有参与价值以及想要买的目标公司的估值与基本面如何。

［问］一勺花生酱：恒生指数目前市盈率已经很低了，我想问恒生指

数到什么时候可以卖呢？到了多少倍市盈率，还是某一个指标到达某一个点数的时候，就可以考虑减仓了，望答复，谢谢。

［答］杨饭：对于单只个股的买入或卖出交易，我没有严格参照什么标准，因为有可能基本面恶化或估值短期超越认识的空间，或者有更低估可供替换的选择，我都会选择卖掉，而不管大盘处于什么点位。但整体而言，从后视镜看恒指的估值中枢在12～15倍PE之间，整体市盈率超过15倍的话表示系统性风险上升，可适当减少仓位。超过20倍市盈率，在港股的历史上就属于高估值范围了。

［问］林奇法则：您在港股主要投资哪些行业？你对哪些行业比较在行？能讲几个吗？

［答］杨饭：我对行业没有偏见，只要看得懂的公司都有兴趣。不过对于化工、科技这类行业则比较排斥，主要在于化工的产业链长、产品多、价格波动大，普通投者较难把握，效率不高。而科技则是日新月异、变化太快，跟不上节奏。

至于看好的，我目前持有银行、券商、医药、能源物流、制造业、综合类公司，如上海实业控股、复星国际、北京控股及少量地产。

［问］39400841我：游戏类股票目前怎样，经济不好，一般游戏类的会上涨，是这样吗？例如，飞鱼科技、金山软件？

［答］杨饭：科技类、游戏类的公司我个人投资甚少，主要原因在于它们变化太快，跟踪与分析起来都比较困难。当然里面也会有牛股，但我不建议一般投资者投资此类公司，除非你是行业内人士。

［问］石头的教育经费：请问现在是投资港股的好时机吗？您最认可的港股板块是哪些？是低估的国企板块、银行？

［答］杨饭：时机好不好要看你打算采用什么样的策略，短炒一把在任何估值的市场都适用。不过对于计划较长期投资而言，目前低估值的港

股确实很有吸引力。目前我本人持有银行、券商、医药、能源、物流及制造类的股票居多。

［问］不破不立88：如何判断港股PE、PB的估值，如环保、公用、消费、传媒、综合板块等？

［答］杨饭：港股的工业类股票PE大于10的话就是比较高了，除非有比较强的竞争力且得到市场的认可，如舜宇光学科技。一般而言，流动性好、业绩稳定的蓝筹相对小盘股有估值溢价，银行除外。

港股也会给高估值，如著名的腾讯，长期PE都大于30倍，但持续的高增长化解了高估值。但也有很多“老千”、坐庄、财技类公司，所以很多时候不可以简单用PE来估值。如果公司没有不良记录，现金流好的话，大多数时候用PB估值是可以的，只有资产是值得相信的。

公用板块估值一般比较稳定，10倍PE是合理的。环保港股一般给的估值比较高，如东江环保好像都在20倍左右了。消费是个大板块，具体如零售、商超，现在肯定是不行了。消费品好一点，如业绩良好的大家乐、维他奶，估值在15倍PE以上。

后　记

关于投资

医生、律师、会计师、公务员，等等，多数职业都有退休的时候，但对于投资这个事，你即使“退休”，仍然可以继续参与。投资之路不会因为你退休而终止，所以投资可以当作一辈子的事业来做。

既然是一生的事业，那就会很漫长。时间是财富积累最重要的要素，财不入急门，这是浅显的道理。今天是赚还是亏，不要太在意，无须去计较一时一刻、一城一地的得失。相信跑过马拉松的人都知道，短期的领先并不代表能最先到达终点；而龟兔赛跑的结局，更说明了持之以恒的重要。当我们的投资能够持续地获得点滴收益的时候，在复利的巨大威力作用下，最终也可以汇成可观的财富。

人固然有天赋之分，但如果不努力、不谦逊、不好学，还是一样平庸。相反，资质平平的人通过不断努力，仍有可能出人头地。“思想决定高度，而态度决定一切。”我们只需要站在前辈大师的肩膀上，汲取他们的思想精华，也可以与大师在同一高度上；而态度，则是真正决定我们是否能够成功的关键。

学习知识、形成理论、付诸实践、反馈与优化，这是一个提高个人能力的闭环。投资之路也是如此。投资是严肃的事情，需要以百倍认真的态度来对待。“工欲善其事，必先利其器。”如果投资前不去认真学习，做好知识积累，研究风险，布置应对措施，又如何在波谲诡异、瞬息万变的投资市场立足呢?

最后我们要明白，投资仅是生活的一部分，投资是为了更好地改善生活。如果一项投资令你坐卧不宁、食饭无香，那投资就失去了它本来的意义。如果你不喜欢，那么就远离；如果你喜欢它，那么就尽力去做好!

关于本书

本书的出版，除了本人的辛苦劳作，更离不开家人的奉献、朋友的鼓励、同行的交流、编辑的美化及各界朋友的支持，在此向各位道一声感谢!

感谢我的家人，在我写作过程中给予最坚定的支持!

感谢雪球 CEO 方三文先生对本书的点评！通过方先生创办的雪球，我认识了很多投资圈的朋友，学习了很多知识；同时，也感谢雪球的运营总监刘江涛及沈潜。

感谢投资圈的朋友，很多我只知道他们的网名（于雪球财经网），如@唐朝、@管我财、@汤财（greatsoup）、@香港市场先生、@股民老 K、@cfuwxd、@徐佳杰 Pierre 、@林奇法则、@502 的牛，及很多雪球大 V。虽然有的甚至未曾谋面，但共同的投资爱好促成了思想火花的碰撞。本书的诸多内容也得益于各位资深投资专家的不吝赐教。

感谢出版社的编辑，尤其是中国经济出版社的燕丽丽博士，没有你们的支持，本书的纸质版将无法面世。

最后，谨以此书献给生我、养我、教我正直做人的敬爱的爸爸妈妈。

我爱你们!

罗马不是一天建成，而投资之路也不会一蹴而就，投资是一生的事业。

路漫漫其修远兮，吾将上下而求索！

与各位投资者共勉！

杨 饭

2017 年 3 月

理财不用懂太多

那一水的鱼　著

你的一个决定，等于人生一半的努力！

富在思维，对穷忙说NO！

读懂银行股

那一水的鱼　著

价值投资无法忽视的领域！

详解银行股背后的投资逻辑。

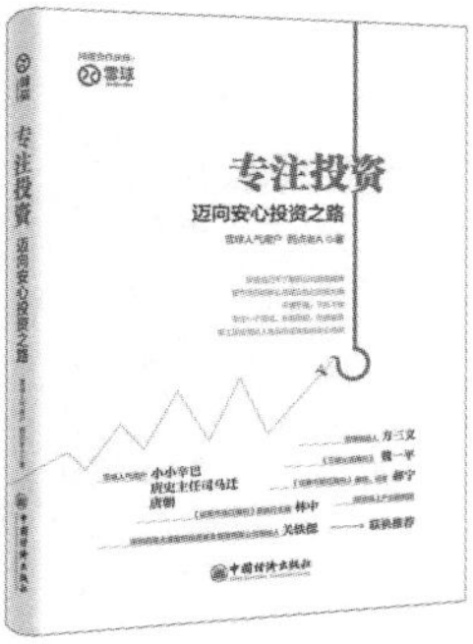

专注投资：迈向安心投资之路

西点老A　著

投资自己不了解的公司就是赌博。

股市生存的核心是建立自己的能力圈，不懂不做，不熟不做。

投资的本源：稳健均衡投资策略

宋　军　著

优质公司的股权是世界上最好的投资品种。

我们的目标是找到它们，用合理的价格买入，并长期持有。

超越专业投资：

一位业余投资者的股市获利之道

臧　蔚　著

以“专业化”对抗“情绪化”，详解套利、动态再平衡和配对等专业手段。

分享获取长期 30% 年化收益率的方法。

手把手教你读财报 2：

18 节课看透银行业

唐朝　著

一学就会的银行股财报阅读指南。

将银行股纳入能力圈的绝佳助手。

格雷厄姆之道：如何在中国实践价值投资

姜开舰（Passion 启航）　著

轻松版的《证券分析》。

结合中国投资市场实践，易懂易学。

九位投资大师联手教你格雷厄姆式价值投资。